Ron Perduss
Machen oder lassen

Ron Perduss

MACHEN ODER LASSEN

Entscheidungshilfen und Empfehlungen
von Deutschlands bekanntestem
Verbraucherschützer

INHALT

EINLEITUNG 8

Vorwort des Autors 9

Vorwort von Rechtsexpertin Nicole Mutschke 10

Vorwort von Wirtschaftspsychologin Elisabeth Heckel 13

KAPITEL 1
ESSEN UND TRINKEN 16

Sind Fertiggerichte eine günstige Alternative? 18

Mehr Abwechslung auf dem Tisch dank Kochboxen? 22

Wie verlässlich ist der Nutri-Score? 24

Ist Süßen ohne Zucker wirklich gesünder? 26

Wie gut sind vegane Ersatzprodukte? 30

Tut der freiwillige Verzicht auf Gluten gut? 33

Bedenkenlos Snacken dank Gemüsechips? 36

Wie gut ist Brot aus dem Supermarkt oder Backshop? 38

Hält die Frischetheke, was sie verspricht? 41

Ist aromatisiertes Wasser seinen Preis wert? 45

Sind Energydrinks gesunde Wachmacher? 48

Kann ich guten Gewissens Kapselkaffee trinken? 51

Wie gesund sind Ingwershots? 54

Können Trinkmahlzeiten eine ausgewogene Ernährung ersetzen? 57

KAPITEL 2
KÖRPER UND GESUNDHEIT 60

Was bringen Fitness-Flatrates? 62

Deo-Alternativen: Was hilft gegen Schweißgeruch? 65

Sind Wechselduschen ein Booster für die Gesundheit? 68

Barfußschuhe 71

Naturkosmetik – gut für mich? 74

Was taugt Anti-Aging-Kosmetik? 77

Retinol – Wundermittel für die Haut? 81

Tun wir unseren Lippen und Händen mit Pflege etwas Gutes? 84

Ist Elektrolyte-Pulver eine Wunderwaffe gegen Kater? 87

Ist der Besuch im Solarium bedenklich? 89

Ist Selbstbräuner eine gute Solarium-Alternative? 92

Wie gut sind Naturkosmetik-Sonnenschutzcremes? 96

Wimpernseren 99

Mundwasser 102

Besser drauf durch Tageslichtlampen? 104

Probleme beim Einschlafen – nachhelfen oder lieber nicht? 107

Besser einschlafen dank Meditations-App? 110

Schützen Blaulichtfilter unsere Augen? 112

Bleaching: Haben weißere Zähne eine Schattenseite? 115

Zahnschienen – ein strahlendes Lächeln in wenigen Wochen? 118

Kann ich Versandapotheken vertrauen? 121

KAPITEL 3

HAUSHALT UND WOHNEN 124

Sind Mikrowellengeräte empfehlenswert? 126

Was taugen Heißluftfritteusen? 129

Wie gut sind Staubsaugerroboter? 132

Teflonpfannen – gesund oder schädlich? 135

Gesünder trinken durch Wasserfilter? 138

Gasgrill als Alternative zum Holzkohlegrill 141

Boxspringbetten – besser schlafen? 144

Wie sinnvoll sind Smartwatches? 147

Sind refurbished Smartphones eine gute Alternative zum Neukauf? 150

Was taugen generalüberholte Haushaltsgeräte? 153

Wie gut sind Bio-Putzmittel? 155

Putzmittel selbst mischen – einfach möglich durch Tabs? 158

Waschstreifen als Alternative zum Waschmittel 161

Rohfütterung – ist Barfen gut fürs Haustier? 163

Ist vegane Ernährung für Haustiere vertretbar? 166

Daten in der Cloud speichern 171

Günstig einkaufen mit Spar-Apps der Supermärkte 173

Frühbucher oder Last Minute – wie reise ich günstiger? 176

Pauschalreisen 179

Bewertungen im Netz 182

Schlussworte 185

Danksagung 186

Quellenverzeichnis 187

Impressum 192

EINLEITUNG

VORWORT DES AUTORS

Hirnforscher sagen, dass wir jeden Tag unseres Lebens etwa 20 000 Entscheidungen treffen müssen. Der Großteil davon wird in Millisekunden getroffen. Dabei geht es meistens um Aktivitäten, über die wir nicht wirklich lange nachdenken müssen. Beispielsweise, ob wir die Schlummertaste des Weckers noch einmal drücken, um ein paar Minuten mehr Schlaf zu bekommen, bevor wir uns für die Arbeit fertig machen müssen. Dazu kommen viele automatisierte Entscheidungen, die wir tätigen, die uns gar nicht bewusst sind.

20 000 Entscheidungen am Tag. Das bedeutet, alle drei Sekunden entscheiden wir uns für oder gegen etwas.

Dass wir uns ganz automatisch entscheiden, ist ein Prozess, der absolut Sinn macht. Über viele unserer alltäglichen Entscheidungen nicht nachdenken zu müssen, spart jede Menge Energie. Aber natürlich gibt es auch Situationen, in denen wir uns ganz bewusst mit dem Für und Wider einer Entscheidung auseinandersetzen. Viele dieser bewussten Entscheidungen treffen wir dennoch sicherlich einfach »aus dem Bauch heraus«. Und diese Erfahrung werden Sie auch gemacht haben in Ihrem Leben: Meist fahren wir damit gar nicht einmal so schlecht.

Aber dann gibt es Themen, bei denen es durchaus sinnvoll ist, dass wir uns ausführlicher damit beschäftigen, dass wir alle Aspekte dieser Sache betrachten, alle Infos bekommen, damit wir eben die richtige – oder sagen wir, die größtenteils richtige – Entscheidung treffen können.

Und genau hier setzt mein Buch an. Ich möchte Ihnen helfen, bei den kleinen und auch großen Dingen des Alltags bessere Entscheidungen zu treffen. Ich beschäftige mich in diesem Buch mit vielen Themen aus unserem täglichen Leben, mit denen es sich zu beschäftigen wirklich lohnt. Ich habe für Sie das Pro und Kontra recherchiert, um Ihnen am Ende eine klare Hilfestellung geben zu können und die Frage zu beantworten: »MACHEN ODER LASSEN?«

VORWORT VON RECHTSEXPERTIN NICOLE MUTSCHKE

Die Frage »Machen oder lassen?« stellen wir uns immer auch, bevor wir Verträge abschließen. In vielen Situationen ist uns aber gar nicht bewusst, dass ein Vertrag vorliegt. Wer morgens etwa zum Bäcker geht und Brötchen kauft, der wird sich kaum überlegt haben, dass er einen Vertrag schließt. Selbst wer sich an einem Automaten einen Kaffee holt, der schließt einen Vertrag ab, obwohl er seinen Vertragspartner überhaupt nicht sieht und nicht einmal eine andere Person in der Nähe sein muss. Doch reduziert auf das Wesentliche, ist es letztlich kaum etwas anderes, ob man einen Automatenkaffee oder ein Auto kauft.

Rein rechtlich gesehen wird es aber immer darum gehen, dass zwei übereinstimmende Willenserklärungen vorliegen. Auf der einen Seite die des Käufers, der zum Beispiel Brötchen zu einem bestimmten Preis erwerben möchte und auf der anderen Seite die des Verkäufers, der auch gerne Brötchen zu einem bestimmten Preis verkaufen möchte. Sowohl auf der Verkäufer- als auch auf Käuferseite wird daher letztlich die Entscheidung getroffen: »Machen oder lassen?«

Die Tücke liegt dabei aber manchmal im Detail, denn natürlich muss auf beiden Seiten klar sein, zu was genau man sich jetzt entscheidet. Beim Brötchenkauf läuft das Ganze meist wunderbar, ohne dass beide Seiten wirklich darüber nachdenken müssen. Leider ist dies aber nicht immer so einfach und funktioniert fast ohne Worte. Immer wieder liegt das Problem darin, dass ganz und gar nicht klar ist, was genau eigentlich gemacht bzw. gelassen werden soll.

Die meisten wissen inzwischen vielleicht, dass der berühmte »Halve Hahn« in Köln kein halbes Hähnchen, sondern ein Brötchen mit Käse ist. Unangenehm wird es allerdings, wenn das vor der Bestellung gerade nicht klar ist. Wer ein halbes Hähnchen erwartet und sich dafür entschieden hat (Machen!), der wird vermutlich ganz schön enttäuscht sein, wenn ihm das Brötchen mit dem Käse serviert wird, was Gastwirte in Köln aber eben unter dem Begriff »Halve Hahn« verkaufen (Machen!). Hier stimmt also der wahre Wille des Käufers (möchte ein halbes Hähnchen) und des Verkäufers (möchte ein Brötchen mit Käse verkaufen) nicht überein. Und nun? Der Wirt hat erst einmal einen Anspruch auf Bezahlung, allerdings hatte sich der Gast bei seiner Bestellung geirrt. Daher kann dieser seine Willenserklärung anfechten, weil er nicht wusste, was ein

»Halver Hahn« in Köln bedeutet und er sich über den Inhalt seiner Bestellung, also seiner Willenserklärung, geirrt hat. Mit der Anfechtung wird das Geschäft sozusagen aus der Welt geschaffen. Möglicherweise kann der Wirt dann aber Schadensersatzansprüche geltend machen, wenn er das Brötchen nicht mehr anderweitig verkaufen kann. Faktisch müsste der Gast daher unter Umständen den »Halven Hahn« dennoch bezahlen.

Klingt unschön und kompliziert? Ist es in vielen Fällen auch. Immer dann, wenn wir uns also für ein »MACHEN« entscheiden, sollten wir uns gut überlegen, wozu genau wir eigentlich »Ja« sagen! Gerade bei Online-Käufen erleben Käufer immer wieder böse Überraschungen, etwa wenn sie sich die Artikelbeschreibung nicht richtig durchgelesen haben. Wer also völlig euphorisch für kleines Geld online ein nagelneues aktuelles »Handy« ergattert, wird umso enttäuschter sein, wenn er später nur eine leere Verpackung erhält. Noch größer wird die Enttäuschung sein, wenn man feststellt, dass der Verkäufer ausdrücklich angegeben hatte, dass das Handy nicht Bestandteil des Angebotes ist. Bei privaten Verkäufern gibt es auch kein gesetzliches Widerrufsrecht und das Geld ist weg. Eine ärgerliche Situation, die man als Käufer aber vermeiden kann.

Oft liegen falsche Vorstellungen über die Größe der gekauften Sache vor. Das passiert insbesondere dann, wenn man sich den Kaufgegenstand vor dem Kauf nicht ansehen und auch nicht anfassen kann. Entspricht aber die verkaufte Sache der Beschreibung, hat man zumindest bei einem Kauf von privaten Verkäufern wenig Möglichkeiten, den Kauf rückgängig zu machen. Es wurde schließlich alles richtig beschrieben und als Käufer wusste man daher eigentlich, wofür man sich entscheidet. Bei gewerblichen Online-Händlern kann man in diesem Fällen meistens das 14-tägige Widerrufsrecht nutzen. Problemlos läuft dies aber auch nicht immer und oft muss man als Käufer auch die Rücksendekosten tragen. Bei der Buchung von Reisen besteht zudem in der Regel kein Widerrufsrecht o. Ä. Wenn man also im Nachhinein bemerkt, dass die Flugzeiten des Wochenendtrips so ungünstig liegen, dass man kaum ein paar Stunden vor Ort ist, wird es oft schon zu spät sein, um die Buchung wieder kostenfrei zu stornieren.

Genauso wichtig, wie auf die Beschreibung des Verkäufers zu achten, ist es, die eigenen Wünsche sehr klar zu formulieren, denn nur dann bekommt man wirklich das, was man möchte. Berühmt-berüchtigt unter Juristen ist der Fall einer Frau, die in sächsischem Dialekt einen Flug nach Porto buchen wollte und letztlich Tickets für einen Flug nach Bordeaux erhielt. Eingeräumt wurde, dass der Zielort von der Frau so undeutlich genannt wurde, dass man vor verbindlicher Einbuchung des Fluges in korrekter hochdeutscher Sprache zwei Mal die Flugstrecke, insbesondere Abflug- und Zielort genannt habe. Nachdem die Frau daraufhin aber die Flugstrecke bestätigte, sah das Gericht auch eine wirksame Buchung für einen Flug nach Bordeaux, obwohl eigentlich Porto gewünscht war. Dies zeigt auch, wie wichtig es ist, genau zuzuhören, wenn es um die Vereinbarung von vertraglichen Leistungen geht, um ggf. rechtzeitig eingreifen zu können.

Bei vielen Verträgen muss man nicht nur **eine** Entscheidung treffen, sondern gleichzeitig viele verschiedene. Möchte ich also z. B. einen Fernseher kaufen oder vielleicht sogar ein Auto, dann klären oft die »Allgemeinen Geschäftsbedingungen« oder das sogenannte »Kleingedruckte«, unter welchen Konditionen genau der Verkäufer bereit ist, mit dem Käufer ins Geschäft zu kommen. Im deutschen Recht sollten solche Klauseln nicht überraschend sein und dürfen zudem nicht unangemessen benachteiligen, so dass man vor den schlimmsten Fallen geschützt ist. Dennoch sollte man tatsächlich immer genau durchlesen, wozu man sich verpflichtet. Gerade wenn man im Ausland etwas kauft oder auch eine Ferienwohnung im Ausland bucht, warten manchmal unangenehme Überraschungen. In vielen Fällen steht einem dann auch nicht das deutsche Recht schützend zu Seite, so dass es bei Problemen oft schwierig wird.

Schließlich können für die Entscheidung »Machen oder Lassen« auch vermeintliche »Nebensächlichkeiten« eine erhebliche Rolle spielen. Ob ein Flugpreis z. B. ein Schnäppchen ist, kann durchaus davon abhängen, ob bzw. wie viel Gepäck im Preis inbegriffen ist. Bei einer Ferienwohnung kann der Preis an sich sehr günstig sein, aber durch viele zusätzliche Kosten für Endreinigung, Bettwäsche und Handtücher etc. so teuer werden, dass man vielleicht doch gar kein Interesse mehr hat, wenn man nahezu alle Leistungen mitbuchen muss. Natürlich dürfen die Hinweise auf solche Kosten im Sinne des Verbraucherschutzes nicht versteckt sein, aber Gerichte werden schon erwarten, dass ein Vertragsangebot von Verbraucher gelesen wird. Ist das nicht erfolgt und auf zusätzliche Kosten wurde explizit hingewiesen, hat man schlechte Karten, sich gegen diese Extrakosten zu wehren.

Der beste Rat, den man also aus rechtlicher Sicht geben kann, ist, sich vor einer Entscheidung immer in alle Richtungen optimal zu informieren und eine Entscheidung mit wachem Verstand zu treffen. Dann muss man viele Probleme gar nicht erst lösen, sondern kann sie direkt vermeiden!

Nicole Mutschke, Juli 2023

VORWORT VON WIRTSCHAFTSPSYCHOLOGIN ELISABETH HECKEL

Wir treffen rund 20 000 Entscheidungen am Tag. Stehe ich auf oder bleibe ich besser liegen? Trinke ich heute Kaffee oder besser Tee? Bestelle ich in der Kantine den Burger mit oder ohne Gürkchen? Setze ich mich allein an den Tisch in der Ecke oder doch drüben zu den Kollegen? Und auch im Supermarkt sind wir mit einer Vielzahl an Entscheidungen konfrontiert. Welche Marmelade nehme ich? Soll ich Bio-Gurken kaufen oder genügt mir das normale Gemüse? Kaufe ich die Eigenmarke oder bleibe ich beim Original? Greife ich beim Sonderangebot zu oder lasse ich das Superfood im Regal stehen?

Die meisten Entscheidungen treffen wir automatisch und unbewusst, ohne großes Gegenüberstellen der Alternativen, ohne Pro und Contra genau abzuwägen und oftmals auch, ohne überhaupt alle Fakten und Hintergrundinformationen zu kennen. Denn würde man bei jeder noch so kleinen Entscheidung so gründlich vorgehen, wäre das viel zu aufwändig und zeitintensiv. Es würde uns am Ende des Tages schlicht überfordern.

Bewusstes Entscheiden kostet nämlich Kraft und ist anstrengend. Unser Gehirn läuft auf Hochtouren, wenn es eine Vielzahl von Alternativen gegeneinander abwägen, Möglichkeiten durchdenken und Entscheidungen treffen muss. Dabei verbraucht es viel Energie, was zu einem mentalen Erschöpfungszustand führen kann, auch Entscheidungsmüdigkeit genannt. In der Folge sinkt die eigene Willenskraft, wir neigen zu unüberlegten Entscheidungen oder treffen gar schlechtere Entscheidungen als wir das in einem ausgeruhten Zustand getan hätten. Das erklärt auch, warum wir trotz aller guten Vorsätze und wider besseres Wissen am Ende eines langen entscheidungsintensiven Gangs durch den Supermarkt doch noch den ungesunden Schokoriegel auf das Laufband legen.

Zu viele Optionen führen ebenfalls zu Entscheidungsmüdigkeit. Das Phänomen kennt man, wenn man aus einer Speisekarte mit gefühlt einhundert Gerichten eine Wahl treffen möchte. Der anfängliche Appetit schwindet mit zunehmender Länge der Karte. Am Ende gibt man entscheidungsunfähig auf, bestellt das erstbeste Gericht oder fragt seine hoffentlich entspanntere Begleitung nach einer Empfehlung.

Nicht nur ein Zuvil an Möglichkeiten, auch der Anspruch, die beste Entscheidung zu treffen, kann den Auswahlprozess deutlich erschweren.

Grundsätzlich gilt, in dem Moment, wo ich mich für eine Alternative entscheide, entscheide ich mich automatisch gegen alle anderen Optionen. Wenn ich zur Fernreise »ja« sage, wähle ich damit automatisch den spontanen Abenteuerurlaub vor Ort ab. Und wenn ich mich entscheide, meine Zähne bleachen zu lassen, weiß ich nicht, wie es gewesen wäre, wenn ich es nicht getan hätte.

Die Psychologie unterscheidet zwei Entscheidungstypen. Der »Maximizer« strebt nach dem bestmöglichen Deal und ist dafür bereit, eine Menge Zeit und Energie aufzuwenden. Er recherchiert intensiv und schlägt erst zu, wenn er oder auch sie sicher ist, kein Detail übersehen zu haben. Das angestrebte Ziel ist Perfektion. Alles soll stimmen und nichts darf übersehen werden. In der heutigen Zeit, wo Informationen frei und im Überfluss verfügbar sind, stellt das allerdings eine echte Herausforderung dar und kann schnell zur Überforderung werden. Am Ende wird keine Entscheidung getroffen oder diese frustriert vertagt. In der Konsequenz macht das unzufrieden.

Der so genannte »Satisficer« hingegen schraubt seine Ansprüche beim Entscheiden deutlich herunter. Auch er oder sie informiert sich im Vorfeld – angemessen, aber nicht übermäßig. Dieser Typ überlegt sich, worauf es ihm bei einer Sache ankommt und formuliert Mindeststandards. Die erste Option, die diesen Mindestanforderungen genügt, erhält den Zuschlag. Die weitere Suche ist damit beendet und ein möglicherweise quälendes Abwägen von Für und Wider abgewendet. Dieses Vorgehen bringt eine schnelle Entscheidung und bedeutet Zufriedenheit.

Zufriedenheit mit einer Entscheidung ist besonders wichtig, wenn es um Entscheidungen geht, die unserem Leben eine andere Wendung geben können, weil sie Arbeit, Geld, Gesundheit oder Familie betreffen. Soll ich meinen Job wechseln oder nicht? Soll ich meinen Lebenspartner verlassen? Wie sinnvoll ist eine Hausratversicherung? Lohnt sich der Mobilfunktarif vom Discounter für mich? Möchte ich Nahrungsergänzungsmittel konsumieren oder nicht? Wie investiere ich mein Geld für eine gute Altersvorsorge?

Hier ist es besonders wichtig, klug vorzugehen. Kluge Entscheidungen trifft man, wenn beide unserer am Entscheidungsprozess mitwirkenden Bewertungssysteme daran beteiligt sind. Das sind zum einen der Verstand bzw. die Vernunft und zum anderen die Intuition, das »Bauchgefühl«. Beide Bewertungssysteme arbeiten unterschiedlich und mitunter ist es schwer, eine Teamentscheidung herbeizuführen.

Während die Intuition blitzschnell arbeitet, benötigt der Verstand länger, um ein Urteil zu fällen. Zudem kann unser Verstand nur begrenzt Informationen verarbeiten, während unsere Intuition auf eine unbegrenzte Anzahl an emotionalen Erfahrungen zurückgreift.

Dafür aber agiert der Verstand logisch und präzise, während sich die Intuition täuschen kann. Nur weil wir beispielsweise einmal eine schlechte Erfahrung mit einem Versicherungsmakler gemacht haben, muss das nicht bedeuten, dass wir Versicherungen generell nicht abschließen sollten. Sollte ich grundsätzlich auf Kreuzfahrten verzichten, weil mein Bauchgefühl beim Gedanken daran rebelliert? Soll ich die exklusive Kaffeemaschine kaufen, obwohl alle Fakten dagegensprechen, mein Bauchgefühl jedoch alle Daumen nach oben richtet? In solchen Fällen ist echte Teamarbeit gefragt. Grundsätzlich bietet sich ein Vorgehen in fünf Schritten an:

- Im ersten Schritt sollten die eigenen Ziele und Anforderungen formuliert werden. Was genau möchte ich? Was muss sein? Was darf keinesfalls sein? Welche Kriterien sind für mich wie wichtig?
- Dann folgt im zweiten Schritt die Informationssuche. Machen Sie sich schlau, sammeln Sie Hintergrundwissen. Erst, wenn ich eine Sache verstehe, kann ich einschätzen, ob sie zu meinen Zielen passt.
- Im dritten Schritt werden die Informationen bewertet und Preise verglichen. Die klassische Pro- und Kontra-Liste ist z. B. ein wirksames Mittel, um Informationen zu bewerten. Nun sind wir nicht alle Finanzexperten, Ernährungswissenschaftler oder Verbraucherexperten. In solchen Fällen ist es sinnvoll, sich nach der Einschätzung von Freunden oder Kollegen zu erkundigen, nach den Erfahrungen anderer Menschen zu fragen oder sich bei seriösen Experten Rat zu holen.
- Mit Schritt Vier wird sichergestellt, dass unser Entscheidungsteam die besten Arbeitsbedingungen erhält. Dafür streichen Sie Optionen, die die Mindestanforderungen nicht erfüllen. Kürzen Sie zudem die Menge an Informationen auf verdaubare Häppchen ein. Das verhindert eine Überforderung des Verstandes. Und auch Stress ist nicht förderlich für ein gutes Arbeiten des Verstandes. Vermeiden Sie daher Zeitdruck und geben Sie der Entscheidungsfindung etwas Zeit. Unter Zeitdruck reagieren wir eher emotional und das kann riskant sein. Wenn eine Entscheidung rein emotional getroffen wird, besteht die Gefahr, dass wir wichtige Fakten und Folgen übersehen oder zu kurzfristig denken. Entscheidungen, die wir im Affekt treffen, bereuen wir im Nachgang häufig.
- Gute Entscheidungen nutzen sowohl die Präzision des Verstandes als auch den unbewussten Erfahrungsschatz der Intuition. Je nachdem wie wichtig die Entscheidung ist, schlafen Sie also die berühmte Nacht drüber und treffen Sie danach im fünften Schritt ausgeruht und mit kühlem Kopf Ihre Entscheidung.

Schlimmer als eine schlechte Entscheidung zu treffen, ist es, keine Entscheidung zu treffen. Denn dann entscheiden andere, ob Sie etwas machen oder lassen. Und das ist dann auch nicht unbedingt das, was Sie wollen.

Elisabeth Heckel, Juli 2023

Kapitel 1
ESSEN UND TRINKEN

Ohne Essen und Trinken würden wir Menschen nur wenige Tage überleben. Wir brauchen Nahrung, um unseren Körper mit den entsprechenden Nährstoffen zu versorgen, damit dieser wiederum die Energie produzieren kann, die wir jeden Tag benötigen; Energie, um unseren Organismus ganz einfach am Leben zu halten und dann noch zusätzlich für alles, was sozusagen on top dazukommt, etwa Arbeiten oder Sporttreiben.

Im Laufe der Evolution hat sich unser Ernährungsverhalten natürlich stark verändert. Wenn wir heute auf die Lebensmittel schauen, die in unserer modernen Welt auf uns warten, so hat das in den meisten Fällen wenig mit dem zu tun, was unsere Vorfahren zu sich nahmen, um über den Tag zu kommen. Allein in einem durchschnittlichen Supermarkt finden sich schnell über 30 000 verschiedene Artikel. Insgesamt stehen uns Deutschen über 170 000 Lebensmittelprodukte zur Auswahl[1]. Man könnte meinen, das sollte unter dem Aspekt der Vielfalt ausreichen. Und trotzdem lassen sich die Lebensmittelhersteller jedes Jahr aufs Neue Produkte einfallen, die uns noch gesünder, vitaler und vielleicht sogar jünger werden lassen. Aber stimmt das alles immer? Sind die neuen Kreationen wirklich notwendig beziehungsweise bringen sie einen klaren Vorteil?

In diesem Kapitel werde ich mich mit vielen dieser Ideen beschäftigen und auch mit alten Mythen aufräumen. Zu jeder Frage habe ich für Sie die wichtigsten Informationen zusammengetragen, sowohl auf der Pro- als auch auf der Kontra-Seite, damit Sie am Ende die bessere Entscheidung treffen können. Im Folgenden geht es um Fragen wie: Ist vegan wirklich immer gut? Sind aromatisierte Wässer eine gesunde Idee und können wir unserem Körper Gutes tun, wenn wir auf Gluten verzichten?

SIND FERTIGGERICHTE EINE GÜNSTIGE ALTERNATIVE?

Schaue ich mir die TV-Werbung an, so sind Fertiggerichte der Renner schlechthin für uns. Einfach die Mikrowelle anwerfen oder eine Pizza in den Ofen schieben oder Büchse, Becher und anderes öffnen sowie den Inhalt erwärmen. Erledigt ist die Zubereitung des Abendessens nach einem anstrengenden Tag, an dem wir viel zu müde sind, noch lange am Herd zu stehen. Laut Werbung soll ein Fertiggericht auf wundersame Weise auch das Herz des oder der Angebeteten erobern. Und natürlich ist alles gesund – sagen die Hersteller.

Als Kind liebte ich Pommes und Fischstäbchen heiß und innig. Eine Umfrage besagt, dass beides noch heute ganz oben auf der Beliebtheitsskala bei vielen Menschen steht. In den 1980ern war die Auswahl an Fertiggerichten bescheiden. Neben meinen oben genannten Lieblingsgerichten wurden damals überwiegend Dosen und Mikrowellen-Produkte angeboten. Der Markt ist seither explodiert, unter anderem im Tiefkühlsegment. Die Gänge mit Gefriertruhen voller TK-Fertiggerichte in den großen Lebensmittelläden sind schier endlos. Die vegetarischen und veganen Varianten ergänzen das Sortiment inzwischen in unzähligen Varianten. Bei dieser Vielzahl ist die Frage, ob diese ganzen Fertiggerichte etwas taugen oder wir lieber die Finger davon lassen sollten, mehr als berechtigt. Schauen wir also mal genauer hin.

AB WANN GILT EIN LEBENSMITTEL EIGENTLICH ALS FERTIGPRODUKT?

Zwei Drittel aller Lebensmittel, die wir im Supermarkt kaufen können, sind industriell verarbeitet. Das ist ganz schön viel und ganz schön bequem für uns. Kein Schnippeln, kein Kochen, kein Abwasch. Damit die Produkte wunderbar lange in ihren Tüten, Dosen und Plastikbehältnissen haltbar bleiben, braucht es allerdings einige Stoffe, die in unseren Lebensmitteln im Grunde nichts verloren haben. Bequemlichkeit hat eben ihren Preis. Daher sollte es jeden erstmal stutzig machen, wenn auf einer Tütensuppe steht, in ihr würde sich tatsächlich erntefrisches Gemüse befinden. Die Labore, die das regelmäßig nachprüfen, finden darin nämlich allenfalls minimale Spuren. Diese reichen aber aus, damit Hersteller von erntefrischem Gemüse sprechen dürfen. Wenn eine solche Suppe, sagen wir beispielsweise nach Brokkoli schmeckt, so kommt der

Geschmack nicht vom erntefrischen Gemüse, sondern aus dem Chemielabor. Es gibt für alles ein Pulver oder Tröpfchen, damit ein Lebensmittel danach schmeckt, wonach es schmecken soll. Der Klassiker ist sicher das Erdbeeraroma, das als »natürliche« Variante aus Schimmelpilzkulturen und Holzspänen stammt. Denn in der Tat: Der chemische Erdbeergeschmack kommt von Buchweizenspelzen.

Apfelaroma wiederum wird aus Hefeöl-Destillat, Tagetes- oder Weinfuselöl gewonnen – mit der feinen Abschlussnote eines biotechnologisch hergestellten Äthylacetats.

Und wie kommt der Pfirsich zu seinem Pfirsichgeschmack aus dem Labor? Überwiegend auf Basis von Schimmelpilzkulturen. Die Aromen von Kokos, Nuss oder Bratapfel stammen aus derselben Quelle.

Wenn Sie indes einen Himbeerjoghurt löffeln, von dem die TV-Werbung Ihnen weismachen will, da schneiden Menschen von Hand frische Himbeeren hinein – Pustekuchen! Das Himbeeraroma lässt sich wunderbar aus Essigsäurebakterien, Hopfen oder Zedernholz nachahmen.

Produkte können aber natürlich unterschiedlich stark industriell verarbeitet sein. Nur minimal oder tutti kompletti. Im letzten Fall bedeutet das: Wir lassen die Lebensmittelindustrie für uns kochen. Da wird mir schon beim Gedanken daran Angst und Bange. Im Fertiggerichte-Bereich unterscheidet man zwischen den folgenden Produkten: ungekühlte Komplettmahlzeiten, Produkte aus dem Kühlregal, Konserven, Tiefkühlkost und Instant-Produkte. Beispielhaft betrachten wir mal zwei typische Produkte etwas näher:

- **Beispiel Konserven:** Sind viele Jahre haltbar, die meisten Vitamine gehen bei der Verarbeitung allerdings flöten. Die hitzeempfindlichen Mimosen unter den Vitaminen sind beispielsweise Vitamin C und die B-Vitamine. Besonders ab einer Temperatur von 100 Grad sind gute 50 Prozent schon mal weg wie nichts.
- **Beispiel Instant-Produkte:** Mehr Zusatz- und Konservierungsstoffe geht nicht. Einfach heißes Wasser über das Pulver gießen, dann ist die Mahlzeit auch schon fertig. Zusätzlich sind hier oft eine Menge rasant energieliefernde Kohlenhydrate wie Einfachzucker enthalten und viel zu viel gesättigte Fette.

WAS GENAU IST EIN FERTIGGERICHT?

Sobald Lebensmittel eingefroren, gebacken, erhitzt oder getrocknet wurden, gelten sie als »industriell verarbeitet«. Das macht ein Gericht aber lange noch nicht zum Fertiggericht. Der Großteil der Produkte, die wir im Supermarkt finden, sind verarbeitet, schnell zu erkennen an den langen Zutatenlisten. Jedoch: Erst wenn eine Mahlzeit stark verändert ist und gleichzeitig eine verzehrfertige Hauptmahlzeit darstellt, zählt es zu den Fertiggerichten.

In der EU sind über 300 Zusatzstoffe zugelassen, die sich in einem Fertiggericht wiederfinden dürfen. Sie haben die unterschiedlichsten Aufgaben. Unter anderem sorgen sie für die richtige Farbe von Lebensmitteln oder für die passende Konsistenz. Wenn ein Produkt auch Tage oder Wochen nach der Herstellung immer noch »lecker« aussieht, sind sie dafür verantwortlich. Und sie sind Turbo-Beschleuniger in jedem industriellen Verarbeitungsprozess

Leider haben Zusatzstoffe aber auch Auswirkungen auf unsere Gesundheit. Sie stehen unter anderem im Verdacht, chronische Krankheiten auszulösen, z. B.

• Krebs (durch Süß-, Konservierungs- oder Farbstoffe)
• Hyperaktivität, Allergien sowie Erbgutschädigungen (durch Farbstoffe), Herz-Kreislauf-Erkrankungen (durch Säuerungsmittel)
• Nierenschäden (durch phosphathaltige Zusatzstoffe)
• Schädigung des Nervensystems, der Knochenentwicklung und Fruchtbarkeit (durch aluminiumhaltige Zusatzstoffe)

WAS SPRICHT FÜR FERTIGGERICHTE UND WAS DAGEGEN?

Fertiggerichte brauchen meist nur 5 Minuten, schon ist das Essen fertig. Wir brauchen kaum Geschirr, nur Messer und Gabel, oft noch nicht einmal einen Teller. Diese Form der Kochkunst bekommt jeder hin, selbst die untalentiertesten Köchinnen und Köche unter uns. Fertiggerichte lassen sich wegen der langen Haltbarkeit außerdem gut bevorraten und sie sind bereits vorportioniert. Unser Körper kann sich aber nur kurzzeitig über die bequeme Zubereitung freuen, denn was er danach abbekommt, entlockt ihm keinerlei Jubelschreie:

Forscher der Universitäten Tufts und Harvard fanden heraus, dass der regelmäßige Griff zum Fertigprodukt das Darmkrebsrisiko bei Männern erhöht (bei Frauen wurde das nicht festgestellt) – zu den Fertiggerichten gehören beispielsweise Softdrinks, Wurst und verarbeitete Fleischwaren, Kekse, Chips, abgepackte Snacks sowie Instantprodukte. Wenn Männer täglich solche Lebensmittel zu sich nehmen, erhöht sich die Wahrscheinlichkeit, Darmkrebs zu bekommen, um 30 Prozent[2]. Grund dafür ist das Mikrobiom, die Gesamtheit der in unserem Darm befindlichen gutartigen Bakterien, das sich dadurch ungünstig verändern kann. Die Konsumenten nehmen, wenn sie über längere Zeit Fertigprodukte verzehren, zu und neigen auch später noch eher zu Fettleibigkeit.

Diverse Lebensmittelzusatzstoffe geben darüber hinaus dem Darm den Rest, da sie Entzündungen fördern – ein erwiesener Auslöser für Darmkrebs.

Viele weitere Kontras lauern, unter anderem die extrem hohen Dosierungen an Salz oder Zucker in Fertigprodukten. Manche Instantnudel-Portion etwa sprengt bereits unseren Tagesbedarf an Salz (wobei wir nebenbei bemerkt grundsätzlich zu salzhaltig unterwegs sind: Die Deutsche Gesellschaft für Ernährung empfiehlt 6 Gramm pro Tag, die Weltgesundheitsorganisation 5 Gramm pro Tag). Zu viel Salz hat durchaus gesundheitliche Folgen, so kann es bei bestimmten Menschen das Risiko erhöhen, Probleme mit dem Blutdruck zu bekommen.

Nicht zuletzt ist die Ökobilanz bei der Herstellung der Produkte miserabel und hinterlässt nach Genuss außerdem noch eine bedenkliche Menge an Verpackungsmüll – hauptsächlich Plastik.

MACHEN ODER LASSEN?

Trotz verführerischer Bequemlichkeit: LASSEN. Darüber sind sich auch Mediziner und Ernährungsexperten einig. Die meisten Fertiggerichte sind hochverarbeitet und kommen nicht ohne Zusätze aus.

MEHR ABWECHSLUNG AUF DEM TISCH DANK KOCHBOXEN?

Spätestens am frühen Nachmittag kommt dieselbe Frage zwischen meinem Mann und mir auf, die wir per Chat diskutieren: Was kochen wir heute Abend? In 99 Prozent der Fälle endet die Wahl bei einem unserer fünf immer wiederkehrenden Gerichte. In anderen Haushalten steht dieselbe Frage ähnlich oft im Raum.

Die steigenden Verkaufszahlen von Kochboxen zeigen, wie viele Verbraucher*innen das Problem für sich in den letzten Jahren auf ihre Weise lösten. Weltweit wurden beim Marktführer im Jahr 2022 mehr als 125 Millionen Bestellungen getätigt. Die Pandemie hatte diese Zahlen noch einmal zusätzlich angeschubst, als alle zu Hause saßen und kein Restaurantbesuch möglich war.

RÜCKBLICK: WIE UND WO FING DAS MIT DEN KOCHBOXEN AN?

Die schwedische Managerin Kicki Theander hatte in 2007 als Erste die Idee und nannte das Prinzip »Middagsfrid« (Mittagsruhe). Sie plante für Familien wöchentlich drei bis fünf Abendmahlzeiten, stellte die dafür notwendigen Waren zusammen und lieferte sie frei Haus. Der Service wurde enorm gut angenommen. 2010 schwappte das Ganze unter dem Label »KommtEssen« zu uns nach Deutschland. Die Zutaten wurden seinerzeit in einer roten Tüte ausgeliefert. An der Idee hat sich bis heute nichts geändert. Nur aus den Tüten wurden im Lauf der Jahre Kochboxen – inklusive Kochanleitung. Kühlungsbedürftige Zutaten werden für den Transport durch recycelbare Kühlakkus auf entsprechend niedriger Temperatur gehalten. Die Kochboxen sind also eine Art gesundes Fast-Fertiggericht.

WIE FUNKTIONIEREN KOCHBOXEN HEUTE?

Den Markt für die Kochboxen teilen sich mittlerweile eine Handvoll Firmen auf. Diese haben Gourmet-Boxen, Boxen für Fitness-Junkies oder für eine bestimmten Ernährungsstil wie Low-Carb oder Keto im Angebot. Es sollte also jeder fündig werden. Es handelt sich dabei immer um ein Abo-Modell; der Vertrag läuft so lange, bis er wieder gekündigt wird. Der Bestellvorgang ist simpel: Beim Anbieter registrieren, Kochbox aus den bis zu sechs Ernährungskategorien auswählen, den Wochentag fürs wöchentliche Abo festlegen, fertig. Vor Abschließen des Abos kann meist einmalig eine Probierbox geordert werden. Die Anbieter geben an, dass die Zubereitung der Gerichte nicht länger braucht als 30 Minuten.

WAS SPRICHT FÜR DIE KOCHBOXEN UND WAS DAGEGEN?

Die Lust am Kochen vergeht vielen spätestens dann, wenn im stressigen Alltag keine Zeit mehr dafür bleibt; angefangen von der eingangs bereits erwähnten Gretchenfrage, was überhaupt gekocht werden soll, über den Einkauf bis dahin, letztendlich in der Küche zu stehen. Das alles dauert und kostet Nerven, wenn parallel womöglich schon die Kids nörgeln, weil sie müde sind und Hunger haben. Ein echtes Pro für die Kochboxen. Durch die wählbaren Kategorien ist für jeden Geschmack und Bedarf etwas dabei. Das gilt auch in Bezug auf die unterschiedlichen Anforderungen der Zubereitung. Ich selbst habe vor gut einem Jahr einige Anbieter getestet. Was mich am meisten entstresste, war das Wegfallen des »Was soll ich kochen?« Für mich war es eine immense Erleichterung, dass mir die Entscheidung jemand abnahm. Leider war nicht jedes Gericht so richtig toll. Manche waren sogar extrem langweilig und unspektakulär. Für den Preis hätte ich da schon mehr erwartet. Ebenso störte mich, dass viele Zutaten weder aus der Region oder überhaupt nicht aus Deutschland kamen, denn das war meine Erwartungshaltung. Wer darauf Wert legt, sollte sich den Anbieter gut auswählen.

MACHEN ODER LASSEN?

Wenn wir uns die drei wichtigsten Punkte ansehen: Preis, Spaßfaktor und Klimaschutz, bleibt für mich nur ein LASSEN. Aus finanzieller Sicht sogar ein großes lASSEN. Vergleicht man die Lebensmittelpreise der enthaltenen Zutaten mit denen des Supermarkts, sind locker 30–40 Prozent Aufschlag drin.

Im Vergleich dazu darf natürlich jeder selbst entscheiden, ob ihm dies das MACHEN für den wegfallenden Stress wert ist.

WIE VERLÄSSLICH IST DER NUTRI-SCORE?

Zu beobachten, was die Konzerne sich alles einfallen lassen, damit wir im Supermarkt eine bestimmte Ware mehr kaufen, ist für mich fast so spannend wie ein Krimi. Wie sind Regale gestellt und einsortiert? Wie sind die Wege durch den Supermarkt angelegt? Aus verkaufspsychologischer Sicht ist das eine Wissenschaft für sich und die Firmen beherrschen sie exzellent. Dazu ständig neue Verpackungen, neue Designs und Namen, neue Werbeversprechen – und jetzt der Nutri-Score.

Mit dem Ampelsystem Nutri-Score wurde das Spielfeld der Tricks nun abermals erweitert. Und wer gab grünes Licht für diese Trickserei in Deutschland? Unser Bundesministerium für Ernährung und Landwirtschaft (BMEL). »Das erweiterte Nährwertkennzeichnungs-System auf der Lebensmittelverpackung ist ein zentraler Baustein einer ganzheitlich ausgerichteten Politik für eine gesunde Ernährung«, erklärt das BMEL. Verbraucher sollen daran auf einen Blick erkennen, wie gut oder weniger gut die Nährwertzusammensetzung eines Produkts ist.

RÜCKBLICK: WO UND WANN ENTSTAND DER NUTRI-SCORE?

Ernährungswissenschaftler in Frankreich haben das Ampelsystem erfunden und bereits 2017 wurde es dort eingeführt. Bis man sich jedoch bei allem einig war und es durch die französischen Gesundheitsbehörden endlich genehmigt werden konnte, vergingen zwischen der Konzepterfindung und der tatsächlichen Umsetzung über 15 Jahre. Parallel wurden Verbraucherschützer mit in die Diskussion eingebunden. Heraus kamen letztlich fünf Stufen – von A bis E, aufgeteilt in die Farben Dunkelgrün, Hellgrün, Gelb, Orange, Rot. Scheinbar funktionierte die Sache in Frankreich ganz gut. Daher kamen unsere Politiker auf die Idee, dies auch mal bei uns zu probieren. Allerdings freiwillig. Kein Lebensmittelkonzern muss dabei mitmachen. Wer es tun möchte, darf das seit 2020 gerne. Und das funktioniert so:

DAS PRINZIP DES NUTRI-SCORE

Jedes Produkt kann Punkte sammeln, etwa für den Gehalt an Eiweiß oder Ballaststoffen oder wenn Gemüse und Früchte enthalten sind. Solche Highlights geben richtig viele Pluspunkte. Davon abgezogen werden Punkte für alles eher Ungesunde, wie zum

Beispiel zu viel Zucker oder zu viele gesättigte Fettsäuren. Also Taschenrechner raus, diverse Zahlen addieren, andere subtrahieren, heraus kommt dann der Nutri-Score. Die Angaben dessen beziehen sich stets auf die Größenordnung 100 Gramm beziehungsweise 100 Milliliter. Je nachdem, wie das Ergebnis ausfällt, ist die Ampel dunkelgrün, hellgrün, gelb, orange oder knallrot. Beim Bundesministerium für Ernährung gibt es dazu umfangreiches Material, in dem auch erläutert wird, wie die Berechnungen im Detail durch die Hersteller durchzuführen sind.

Klar, kein Unternehmen möchte gerne die rote Ampel auf ihrem Produkt sehen. Daher überlegen sich die Verantwortlichen sehr genau, wie sie beispielsweise das Zuviel an Zucker mit einem Schuss Protein ausgleichen können. Danach rutscht die Ampel von Rot auf Orange oder Gelb (manchmal sogar auf Grün!), obwohl ja immer noch genauso viel ungesunder Zucker enthalten ist.

WAS SPRICHT FÜR DEN NUTRI-SCORE UND WAS DAGEGEN?

Dagegen spricht, dass der Nutri-Score freiwillig, also nicht bindend ist und die Unternehmen ihn für ihre Produkte selbst berechnen. Tricksen ist damit ausdrücklich erlaubt. Davon machen die Firmen auch regen Gebrauch. Nicht alle Inhaltsstoffe eines Produkts werden zur Berechnung des Nutri-Scores herangezogen. Es handelt sich um eine reduzierte Darstellung, die einen ersten Überblick verschaffen soll, jedoch kein Gesamtbild aller enthaltenen Inhaltsstoffe bietet. Das führt beispielsweise dazu, dass ein hoher Zuckerwert mit Zusatzstoffen, Ersatzstoffen, Süßstoffen oder Aromen ausgeglichen wird. Und die haben die Bewertung »gesund« nicht wirklich verdient. Verbraucher*innen kommen also nicht umhin, trotzdem noch einen sehr genauen Blick auf das Zutatenverzeichnis zu werfen, wenn sie es genau wissen möchten. Denn eine vermeintlich gute Bewertung nach Nutri-Score kann unter ganzheitlicher Betrachtung zur großen (Ent-)Täuschung werden.

Für den Nutri-Score allerdings spricht, dass er durch das Ampelsystem für alle einfach und verständlich ist, sowie eine schnelle Orientierung ermöglicht.

MACHEN ODER LASSEN?

Für mich überwiegen die Nachteile. LASSEN! Die sicherere Variante ist nach wie vor die Zutatenliste auf der Rückseite. Je länger diese ist, umso ungesünder ist das Lebensmittel, obwohl der Nutri-Score eventuell etwas anderes aussagt.

IST SÜSSEN OHNE ZUCKER WIRKLICH GESÜNDER?

1954 war man der Meinung, dass uns Zucker gesund und schlank zaubert. Ein TV-Spot aus der Zeit zeigt ein kleines Mädchen im Comicstyle, das sich mit Zucker im Handumdrehen in eine junge, schlanke Frau verwandelt. Der Film hat mit Betrachtung aus heutiger Sicht komödiantische Züge. In den Nachkriegsjahren glaubte man tatsächlich an das Zuckerwunder. Das hat sich längst geändert. Zucker macht nicht nur dick, sondern auch krank und hat als süße Droge Suchtpotenzial. Mein Körper etwa ruft seit vielen Jahren täglich nach seiner Nougatration. Ich bin ein regelrechter Nougatfreak und kann nicht ohne. Was passiert aber eigentlich in unserem Körper bei Zuckergenuss und wären Ersatzprodukte eine Option?

WAS GENAU IST ZUCKER?

Es gibt ihn in verschiedenen Formen und auch wenn in einer Zutatenliste das Wort »Zucker« als solches per se nicht auftaucht, kann er trotzdem enthalten sein: Etwa in Form von »Glucosesirup«, »Süßmolkepulver« oder »Fruktose«, denn diese sind ebenso Zuckerarten. Das Wort »natursüß« ist kein Richtwert für weniger Zucker. Nur die Begriffe »zuckerfrei« beziehungsweise »ohne Zuckerersatz« sind gesetzlich geregelt. Die Zuckerartenverordnung gibt vor, dass auf Lebensmitteln die genaue Zuckerart benannt werden muss. Steht beispielsweise »Zucker« auf der Packung, so handelt es sich um Haushaltszucker. Andere Zuckerarten müssen mit ihrer konkreten Bezeichnung eingetragen werden. Also beispielsweise »Glukose« oder »Fruktose«.

Beim Wort Zucker denken wir meistens an den Haushaltszucker – unser heißgeliebtes kristallartiges Lebensmittel. Er besteht aus dem süßenden Stoff Saccharose, der weltweit vorwiegend aus Zuckerrüben oder Zuckerrohr extrahiert wird. Diesen verarbeiteten Zucker gibt es in verschiedenen Korngrößen, auch in Würfeln sowie als Kandiszucker – mehr oder weniger weiß – je nach Reinigungsgrad.

Weitere Zuckerarten – teils eher verhalten süßend, teils kräftig süß – sind Traubenzucker, Milchzucker und Fruchtzucker. Zu weiteren Zuckerarten gibt es unten (»Zuckeralternativen«) hilfreiche Hinweise.

WAS SAGT DIE WISSENSCHAFT ZU ZUCKER?

Die Experten sind von unserem süßen weißen Lieblingslebensmittel weit weniger begeistert als wir, da übermäßiger Zuckergenuss für viele Krankheiten verantwortlich sein kann: u. a. für Diabetes, Herz-Kreislauferkrankungen und Krebs. Eine Studie der Uni Tübingen kam zum Ergebnis, dass ein übermäßiger Zuckerverzehr gar den Ausbruch von Alzheimer begünstigt[3]. Wie Zucker das Leben verändern kann, habe ich selbst erlebt. Eine Zeit lang war mein Konsum extrem hoch. Jeden Tag Kuchen und Schokolade: Ich nahm zu und meine Blutwerte verschlechterten sich drastisch.

WIE KOMMT ES ÜBERHAUPT, DASS WIR DEM ZUCKER SO GNADENLOS VERFALLEN SIND?

Zum einen wird das Belohnungssystem in unserem Gehirn aktiviert. Es jubelt regelrecht, wenn es Zucker abbekommt. Wir fühlen uns gleich viel glücklicher, brauchen mit der Zeit aber immer mehr davon für diesen Effekt. Das Gefühl hat etwas von »Bäume ausreißen können«, hält aber nie lange an. Der zuckerstarke Höhenflug endet nicht nur abrupt, der Fall ist auch tief. Beim Konsum schnellt der Blutzuckerspiegel kurzzeitig in die Höhe, fällt aber schnell umso heftiger wieder ab. Von den Bäume-Ausreißern verwandeln wir uns von jetzt auf gleich in träge Schlaffis.

Manche Menschen haben den unsäglichen Kreislauf durchschaut und wollen sich deshalb vom Zucker entwöhnen. Das ist am Anfang hart. Nicht jeder schafft's, denn der Körper lässt sich das natürlich nicht so einfach gefallen. »Wo ist mein Zucker?«, ruft er empört und reagiert mit Entzugserscheinungen darauf. Bleibt man dennoch mit Disziplin dran, die Zeit des körperlichen Aufschreis durchzuhalten, verliert sich das süße Verlangen meist gänzlich. Egal, wie viel an leckeren Kuchen und Keksen dann auf dem Tisch stehen: Sie lassen uns kalt. Viele Menschen können sich ein Leben ohne »süß« jedoch nicht vorstellen. Hier kommen einige Alternativen ins Spiel, die wir uns im Folgenden anschauen.

WAS SPRICHT FÜR ZUCKERALTERNATIVEN UND WAS DAGEGEN?

Wo sind die Unterschiede und ist das überhaupt empfehlenswert? Dazu gehen wir die Alternativen der Reihe nach durch.

Honig: Ist zwar ein Naturprodukt, aber auch hiervon macht ein Zuviel dick, ist ungesund und kann sogar die Bauchspeicheldrüse schädigen. Honig hat annähernd genauso viele Kalorien wie Zucker, liefert allerdings zusätzlich wertvolle Inhaltsstoffe.

Darunter finden sich beispielsweise Vitamin C, B1 und B6, auch Mineralstoffe sowie entzündungshemmende und antioxidativ wirkende Substanzen.

Agavendicksaft: Eignet sich zum Süßen von Müslis oder Desserts, besteht größtenteils aus Fruktose und ist noch süßer als Zucker. Er wird aus dem Saft der Agave, einer in Mittel- und Südamerika heimischen busch- bis palmenartigen Pflanze hergestellt. Aber Achtung: Zu viel Fruktose kann zu einer Fettleber führen, kann Gicht und Bluthochdruck verursachen. Das ist wissenschaftlich nachgewiesen.

Kokosblütenzucker: Ist aktuell bei den backenden Influencern groß im Trend. Hierbei handelt es sich um den getrockneten Pflanzensaft der Kokosblüte, der den Blutzuckerspiegel stabil halten soll. Der auch als Palmzucker bekannte Kokosblütenzucker ist fast genauso süß, aber auch genauso kalorienreich wie Haushaltszucker. Großes Manko: Die langen Transportwege – Kokospalmen wachsen in Südostasien, in Afrika und in der Karibik. Für Diabetiker ist er übrigens keine Alternative, auch wenn das Gerücht besteht, Kokosblütenzucker hätte einen niedrigeren glykämischen Index als Haushaltszucker. Das ist aber widerlegt, die Zusammensetzung beider Zuckerarten ist recht ähnlich. Die enthaltenen Mengen an Vitaminen und Mineralstoffen sind außerdem so gering, dass sie nicht zur Nährstoffversorgung beitragen, obwohl trotzdem vollmundig damit geworben wird.

Stevia: War vor ein paar Jahren groß in Mode und wird nach wie vor als alternatives Süßungsmittel vermarktet. Es wird aus der krautigen Steviapflanze gewonnen. Stevia hat eine extreme Süßkraft, allerdings auch einen leicht bitteren Eigengeschmack. Stevia ist komplett kalorienfrei, jedoch nur bedingt zum Backen geeignet, weil das Volumen des Süßungsmittels viel geringer ist als das von Zucker.

Erythrit: Wird mittels Fermentation überwiegend aus Maisstärke gewonnen. Sieht aus wie Zucker, süßt wie Zucker, hat aber null Kalorien und ist auch in größeren Mengen gut verträglich.

Süßstoffe: Die gibt's schon ewig und sie werden ausnahmslos chemisch hergestellt. Beispiele dafür sind: Acesulfam. Aspartam. Cyclamat, Sucralose. Sie alle süßen extrem und das ganz ohne Kalorien. Studien haben allerdings gezeigt, dass Süßstoffe süchtig machen und für Heißhungerattacken sorgen können.

Birkenzucker/Xylit: Wird industriell aus pflanzlichen landwirtschaftlichen Reststoffen gewonnen. Kalorienarm (40 Prozent weniger als Haushaltszucker), hat keinen Einfluss auf den Insulinspiegel, kann allerdings in größeren Mengen Blähungen und Durchfall verursachen.

MACHEN ODER LASSEN?

MACHEN, jedoch mit Einschränkungen. Trend-Süßungsmittel, beispielsweise Kokosblütenzucker sollten Sie meiden, aufgrund des weiten Wegs bis zu uns in den Supermarkt. Agaven- oder Apfeldicksaft klingt zwar herrlich nach Natur, ist aber nichts anderes als Zucker in Flüssigform. Ein zusätzliches MACHEN gibt es selbstverständlich für das gänzliche Streichen von Haushaltszucker vom Speiseplan.

WIE GUT SIND VEGANE ERSATZPRODUKTE?

Ich gehöre zu den eingefleischten Flexitariern. Ganz auf Fleisch verzichten möchte ich nicht, ab und zu greife ich aber gern zu den Ersatzprodukten. Meine erste Berührung damit hatte ich vor 10 Jahren. Ich war bei Freunden zum Grillabend verabredet. Kohldampf wie noch was, dann eröffnete mir die Gastgeberin, dass es nur Salat und grillten Tofu geben würde. Ich ahnte bei Bekanntgabe des für mich ungewohnten Speiseplans sofort, wie das enden würde. So kam es dann auch! Es schmeckte scheußlich und hatte keinerlei Ähnlichkeit mit dem Gaumenkitzel eines auf dem Grill schön saftig gebrutzelten Steaks.

Die heutigen Ersatzprodukte kommen dem Geschmack von echtem Fleisch sowie echter Wurst allerdings schon sehr nah. Teils so sehr, dass sie sich kaum mehr voneinander unterscheiden lassen. Dieser Beitrag soll kein Plädoyer für oder gegen vegetarische oder vegane Ernährung sein. Ich möchte lediglich einen Blick auf die Ersatzprodukte werfen und darauf, ob diese empfehlenswert sind oder nicht. Dabei geht es mir um zwei Aspekte: Aus welchen Zutaten werden diese veganen Ersatzprodukte hergestellt – also was ist drin? Und in diesen Zeiten geht es immer auch um die Klimabilanz von Produkten. Die konventionelle Fleischproduktion bindet enorme Ressourcen. Allein die Herstellung eines Kilogramm Rindfleischs verursacht fast 14 Kilogramm CO_2 (im Vergleich: Die Produktion von einem Kilo Äpfel verursacht nur ca. 500 Gramm CO_2). Wie sieht es hier also mit den veganen Fleischalternativen aus?

DIE VEGANE ENTWICKLUNG

Von 2015 bis 2021 hat sich die Zahl der Veganer in Deutschland auf 1,41 Millionen Menschen fast verdoppelt. Im Jahr 2022 gab es 316 rein vegane Restaurants, während es 2013 nur 75 waren[4]. Laut Statistischem Bundesamt wurden 2021 ca. 17 Prozent mehr Fleischersatzprodukte hergestellt als im Jahr davor[5]. Im selben Zeitraum ging die Fleischproduktion um 8 Prozent zurück. Das zeigt, dass die vegane Lebensweise nicht nur einer der schnellen Trends ist, die irgendwann von selbst wieder verschwinden, sondern langfristiges Umdenken ganz vieler Menschen.

RÜCKBLICK: WIE FING DAS ALLES AN?

Einen der ersten (bekannten) Vegetarier kennen wir alle aus dem Matheunterricht. Nein, nicht der Mathelehrer, wobei das zufällig bei dem einen oder anderen stimmen könnte. Ich spreche von $a^2 + b^2 = c^2$, dem Satz des Pythagoras. Pythagoras soll Vegetarier gewesen sein. Laut Überlieferungen begründete er das mit dem Satz »Alles, was der Mensch den Tieren antut, kommt auf den Menschen zurück«. Für 2500 Jahre vor unserer Zeit klingt das ausgesprochen modern. Drehen wir nun die Zeituhr viele Jahrhunderte nach vorne und stoppen erneut im Jahr 1801. Der erste Vegetarier-Verein in London wurde gegründet. – 1867 gab es so etwas dann auch in Deutschland. Er nannte sich »Verein für natürliche Lebensweise«, initiiert durch Theologe Eduard Baltzer im thüringischen Nordhausen. Daraus entstand im Verlauf einiger Generationen eine bedeutende Bewegung mit inzwischen knapp 8 Millionen Vegetariern in Deutschland.[6]

WAS SPRICHT FÜR VEGANE ERSATZPRODUKTE UND WAS DAGEGEN?

»Warum esst ihr Wurst aus Tofu? Ich baue mir doch auch kein Salatblatt aus Hack nach«, gilt als eine der Standardfragen der Anti-Veganer. Die Antwort ist simpel: Menschen mögen den Geschmack von Fleisch und Wurst, sie mögen aber auch Tiere. Und damit keiner leiden muss, wählen sie die Alternative. Vielen ist zudem der Umweltschutz wichtig. Da die Produktion von tierischen Produkten viele Ressourcen bindet, sind vegane Produkte oft eine gute, klimaschonende Alternative. Vegane Ersatzprodukte erleichtern teils den Umstieg, wenn Verbraucher*innen sich neu für die vegetarische oder vegane Lebensweise entscheiden.

Gegenstimmen behaupten, Fleischersatz würde den Tieren überhaupt nicht helfen, seien daher verlogen und ungesund. Was ist da dran?

Natürlich gibt es eine große Auswahl von Produkten, die auf Sojabasis, Weizen-, Erbsen- oder Lupinenprotein hergestellt sind und somit keinerlei tierische Zusätze enthalten – dafür eine Menge anderer Zusatzstoffe, damit das Ganze dem Original in Konsistenz und Geschmack so nahe wie möglich kommt. Denn bis Soja, Tofu oder Lupineneiweiß wie ein Hähnchenschnitzel oder eine Scheibe Salami schmeckt und aussieht, ist es ein weiter Weg. Ob es eine echte Option ist, sich statt tierischen Produkten eine Überdosis Zusatzstoffe einzuverleiben, die es zur Produktion unweigerlich braucht, bleibt fraglich.

ÖKOTEST testete im Jahr 2022 vegane Wurst. 12 von 18 Produkten rasselten mit »mangelhaft« durch. Oft waren Belastungen mit Mineralöl, zu viel Salz sowie der Einsatz von Verdickungsmitteln das Problem[7]. In 2023 folgte ein weiterer Test von veganen

Burgern durch ÖKOTEST, darunter auch Bio-Varianten. Erneut fanden die Experten darin Spuren von Mineralöl – bei 7 von 17 getesteten Produkten. Erfreulich allerdings: Geschmacklich überzeugten die getesteten Burger allesamt und fünf bekamen gar die Gesamt-Bestnote[8].

Stichwort Klimabilanz. Der Ökologe Joseph Poore von der Oxford-Uni berechnete: Wer komplett vegan lebt, spart jedes Jahr zwei Tonnen Treibhausgase ein. Das entspricht etwa acht Flügen von Berlin nach London. Im Durchschnitt produziert jeder von uns 11 Tonnen Treibhausgase jährlich.[9]

Zum Fleischersatzstoff Soja: Der ist vor Kurzem in Verruf geraten, da wegen des Anbaus von Sojabohnen Regenwälder abgeholzt werden. Stimmt leider nicht ganz so. Ja, immer mehr Regenwälder müssen dem Soja weichen. Diese Sojabohnen werden aber zur Futtermittelproduktion angebaut – gehen also auf direktem Wege in die Fleischproduktion über. Das überwiegend nach Biostandard produzierte Soja für vegane Ersatzprodukte hingegen stammt aus der EU und Kanada.[10]

MACHEN ODER LASSEN?

Das ist gar nicht so einfach zu beantworten. Mein Fazit ist eher LASSEN! Die meisten Fleischersatzprodukte sind industriell hochverarbeitet und enthalten damit leider auch zu viele kritische Inhaltsstoffe. Wer sich sicher vegan ernähren will, kann die App CODECHECK nutzen. Damit lassen sich die Barcodes der Produkte scannen und man kann sofort feststellen, ob kritische Stoffe enthalten sind. Und es tut sich etwas: Die Lebensmittelhersteller wissen, dass die Nachfrage nach veganen Ersatzprodukten immer größer wird. Also brainstormen sie auf Hochtouren Ideen und tüfteln an neuen Produkten, um vegane Produkte auch weniger verarbeitet anbieten zu können.

TUT DER FREIWILLIGE VERZICHT AUF GLUTEN GUT?

Wo ich gehe und stehe, höre ich überall das Wort »glutenunverträglich«. Das böse Klebereiweiß – in hohen Mengen in Weizen und seinen Verwandten enthalten – macht uns (scheinbar) krank. Daher meiden es viele von vornherein oder stellen sich selbst die Diagnose »Glutenunverträglichkeit«, weil es im Bauch öfter zwickt und zwackt. Man liest und sieht halt so viel über das fiese Gluten ... Unabhängig von einer Unverträglichkeit halten eine Menge Leute Gluten daher für ein Gesundheitsrisiko. Sie sind sich sicher, dass es dick und müde macht, Herzerkrankungen fördert und generell die Gesundheit negativ beeinträchtigt. Wissenschaftliche Beweise dafür gibt es keine.[11]

WOHER KOMMT DER SCHLECHTE RUF DES GLUTENS?

Seitdem das Buch »Weizenwampe« zum Bestseller wurde, mochte das Gluten niemand mehr so richtig. Autor des Buches, der US-Kardiologe William Davis, behauptete, dass Gluten zu einem löchrigen Darm und in der Folge u. a. zu Übergewicht, Rheuma, Asthma, Multiple Sklerose und sogar Schizophrenie führen würde. Andere Wissenschaftler halten das für blanken Unsinn. Die Botschaft des fiesen Glutens war mit dem Buch allerdings längst in aller Welt unterwegs und ließ sich nicht mehr stoppen. Eine Welle an Nocebo-Effekten reiste mit der Botschaft um die Welt: Hunderttausende glaubten fest an den unbestrittenen Täter, der für diverse Krankheitssymptome verantwortlich sein sollte: das Gluten! In der Folge bekamen sie tatsächlich Beschwerden nach dem Verzehr von glutenhaltigen Lebensmitteln. Wissenschaftlich belegt ist, dass der Nocebo-Effekt (»ich weiß, was mir schadet«) genauso stark wirkt wie der Placebo-Effekt (»ich weiß, was mir hilft«)[12].

WO IST ÜBERALL GLUTEN ENTHALTEN UND WAS KANN ES?

Gluten ist ein Mix verschiedener Eiweiße und kommt in Weizen und all seinen Verwandten wie Dinkel, Grünkern, Emmer, Einkorn, Kamut, außerdem in Roggen, Triticale und Gerste vor. Die herausragende Eigenschaft von Gluten ist, dass es im Teig, beim Backen und Kochen die Zutaten tapfer zusammenhält.

Ernährungsphysiologisch gehört Gluten zwar nicht zu den lebensnotwendigen Stoffen, mit glutenhaltigen Getreiden nehmen wir jedoch wichtige Stoffe auf, die bei einer glutenfreien Ernährung zu kurz kommen. Dazu gehören die B-Vitamine, Vitamin D, Kalzium, Magnesium und Eisen. Ärztinnen und Ärzte beobachten zudem, dass mehr Fett, Zucker und Salz zugeführt werden, je weniger Gluten zu sich genommen wird. Und es ist belegt, dass glutenvermeidende Menschen zu- statt abnehmen, da in den Alternativprodukten viele Dickmacher stecken. Für Experten ist das bedenklich, wenngleich nicht überraschend.

Dazu kommt, dass, wer sich glutenfrei ernähren will, ganz schön zu tun hat: Vielen Lebensmitteln ist Gluten zugesetzt, die man gar nicht auf dem Schirm hat. Es wird zum Beispiel als Aroma zugesetzt und findet sich in Light-Milch- und vielen anderen Produkten (etwa unter den Namen Weizenstärke, -eiweiß, -kleber, Gerstenmalz/-extrakt). Komplett darauf zu verzichten, bedeutet eine große Umstellung.

Der negative Hype um das Gluten rief auch prompt die Lebensmittelkonzerne auf den Plan. Jeder wollte vom Trend der glutenfreien Ernährung profitieren, nach der die Welt plötzlich so laut rief. Also entwickelten sie kreative neue Produkte mit schönen Namen und Versprechen, selbstredend völlig überteuert. Der Markt dafür war da und wird immer größer. Die Produkte aber sind zu fettig, zu zuckerhaltig, zu salzig, mit allerlei Hilfsmitteln versehen. Mit ein paar Emulgatoren zum Aufpeppen und allerlei Zusatzstoffen für den besseren Geschmack.

WAS SPRICHT FÜR DEN FREIWILLIGEN VERZICHT AUF GLUTEN UND WAS DAGEGEN?

Ernährungsexperten sprechen sich gegen den freiwilligen Verzicht aus. Gluten ist eben nicht nur böse, sondern hat auch seine guten Seiten. Es liefert im Verbund mit den Grundnahrungsmitteln, die es enthalten, wichtige Nähr- und Ballaststoffe. Ein freiwilliger Verzicht könnte der Gesundheit eventuell sogar schaden. Viele Vollkornprodukte fallen beispielsweise durch den Verzicht auf die rote Liste. Die sind aber wichtig für uns, denn sie haben u. a. einen schützenden Effekt vor Herzerkrankungen. Übrigens leiden nur ca. 1,5 Prozent der Deutschen an einer echten Zöliakie (so lautet der Fachbegriff für die Glutenunverträglichkeit). Die Zahl der Betroffenen von Glutensensitivität wird in der Öffentlichkeit zudem völlig überschätzt. Es liegen keine wissenschaftlichen Beweise vor, dass diese Sensitivität auf Gluten überhaupt existiert. Ebenso gibt es keinerlei Biomarker (messbare körpereigene Substanzen), mit denen man so etwas überhaupt nachweisen könnte. Anhaltende Darmbeschwerden können 1001 andere Gründe haben und in den meisten Fällen sind Stress oder ein ungesunder Lebenswandel dafür verantwortlich. Das arme Gluten kann da gar nichts für.

Natürlich spricht nichts dagegen, die Ernährung insofern auf »gesunde Mischkost« umzustellen, dass dabei auch glutenfreie Lebensmittel auf den Tisch kommen. Und da gibt es einige, die von sich aus kein Gramm Gluten enthalten: z. B. Mais, Buchweizen, Quinoa, Soja, Sesam, Leinsamen, Hirse, Kartoffeln, Gemüse, Obst, Eier, Fleisch und Geflügel. Sofern sie unverarbeitet sind!

MACHEN ODER LASSEN?

Wer keine Zöliakie hat und nur aus Vorsicht oder, um dem Trend zu folgen, auf Gluten verzichten möchte: LASSEN! Es gibt keinen triftigen Grund dazu und dem Körper schadet es mehr, als dass es ihm hilft. Eine Glutenunverträglichkeit sollte man am besten nicht selbst diagnostizieren, sondern einen Arzt zu Rate ziehen. Oft hängen Darmbeschwerden auch mit ganz anderen Ursachen zusammen.

BEDENKENLOS SNACKEN DANK GEMÜSECHIPS?

Handelsübliche Chips und Flips schmecken einfach zu gut. Einmal die Tüte aufgemacht und es lässt sich nicht mehr stoppen: Ein Griff nach dem anderen befördert eine Ladung der fetthaltigen Speise in unseren Mund. Und manchmal schlucken wir das schlechte Gewissen einfach mit hinunter. Wenn die Tüte einmal leer ist, nehmen wir uns vor, dass das ein Ende haben muss mit dem verrufenen Snackgebäck. Solange, bis wir beim nächsten Einkauf an der vermeintlich gesunden Alternative vorbeikommen: Gemüsechips. Zumindest klingt das, was auf der Verpackung steht, sehr gesund. Wieder mal eine Täuschung oder echter Ersatz?

WAS GENAU MACHT DIE KARTOFFELCHIPS SO SCHLECHT?

Ist es vielleicht schon die Kartoffel an sich als »Ausgangs-Gemüse«? Mit 15 Gramm pro 100 Gramm weist sie einen hohen Kohlenhydratanteil auf, viel mehr als die meisten anderen Gemüse. Damit steht sie bei Menschen, die sich kohlenhydratarm ernähren möchten, auch auf dem Index – obwohl sie im Vergleich wenig Kalorien mit sich bringt. Die Kartoffel an und für sich ist aber selbstverständlich nicht das Problem. Das weitaus größere Übel bei den Chips ist natürlich das Frittieren. Ich war mal zu Besuch bei einer Bekannten. Ihr liebstes Spielzeug war die Fritteuse. Als ich darin die riesige Menge Fett schwimmen sah, in dem sie die Kartoffeln baden ließ, wurde mir bereits beim Zuschauen mulmig im Magen. Man stelle sich die Kartoffelscheiben in diesem Fettsee vor. Wie sie sich genüsslich mit Fett vollsaugen und triefend davon auf einem Küchentuch landen. Ergibt im Fazit 600 Kalorien beim Verzehr von 100 Gramm Kartoffelchips – mit sage und schreibe 40 Gramm Fettanteil. Oder noch drastischer ausgedrückt: Das entspricht von der Energiemenge her einer ganzen Mahlzeit! Da verwundert es kaum, dass eine Studie herausgefunden hat, dass zu viel des fettreichen Lasters beispielsweise Krebs verursachen kann. Schuld ist das beim Backen oder Frittieren entstehende Acrylamid.[13] Auch das Risiko für Herzerkrankungen steigt.

Was Sie vermutlich noch nicht wussten: Warum wir so wild auf diese Chips sind und den Griff in die Tüte kaum bremsen können. Das haben Forscherinnen und Forscher aus Erlangen untersucht. Ergebnis: Es liegt an der so genannten »Naschformel«[14]. Wenn ein bestimmtes Verhältnis von Kohlenhydraten und Fett besteht, wird es besonders schmackhaft für uns. Dazu kommt etwas noch Fieseres: Je höher nämlich der Body-Mass-Index (BMI) eines Menschen, also das Verhältnis des Körpergewichts zur Körpergröße, desto mehr spielt auch das Gehirn beim Essen eine Rolle. Chips landen bei Menschen mit einem hohen BMI außer im Magen auch im Belohnungssystem. Das wird mit jeder Ladung Chips aktiviert und ruft ständig: »Bitte unbedingt mehr davon!«

WAS SPRICHT FÜR GEMÜSECHIPS UND WAS DAGEGEN?

Die guten unter den Chipsvarianten sollen ja nun (laut Werbeslogans und Verpackungsdesigns) die sein, die aus Süßkartoffeln, Pastinaken, Roter Bete bzw. auch aus Hülsenfruchtmehlen (Kichererbsen, Linsen) gemacht sind. Da diese Chips viele Ballaststoffe und – im Fall der Hülsenfruchtvarianten – auch viel Protein enthalten, bekommen sie das umgangssprachliche Siegel »supergesund« verliehen. Das bildet sich, wie schon erwähnt, bereits auf den Verpackungen ab. Herrliche Bilder mit gesundem Gemüse und Sätzen wie »Viel weniger Fett als bei Kartoffelchips«. Diese Aussage entspricht aber – man ahnt es schon – nur so lala der Wahrheit. Sie können das selbst auf der Nährwerttabelle der Produkte gegenchecken. Ich habe mir dazu eine Packung Bio-Kichererbsen-Chips zur Brust genommen: krasse 24 Gramm Fett auf 100 Gramm, fast 500 Kalorien! Das ist genauso viel wie beim großen Bruder, den Kartoffelchips. Weiter zum nächsten Test: Bio-Chips aus Wurzelgemüse und Rote Bete. Ich sehe dabei sofort gedanklich die Rote Bete vor mir. Die ist ja wirklich gesund, daher könnte ich mich fast dazu verleiten lassen, daran zu glauben, dass diese Chips es auch sind. Fettanteil: 36 Gramm auf 100 Gramm, 527 Kalorien. Sie sehen, es wird nicht besser.

Die Verbraucherzentrale tat es mir nach und guckte sich in 2022 Gemüsechips näher an[15]. Da ist nicht viel Glückseliges pro Gemüsechip-Sorte herausgekommen. Solche auf Basis von Hülsenfrüchten fielen oft wegen des zu hohen Salzgehaltes durch. Kaum eines der Produkte kam auf weniger Fett als Kartoffelchips, wenngleich ja genau das oft das Werbeversprechen ist. Fazit: Mehr Schein als Sein.

MACHEN ODER LASSEN?

LASSEN! Es sei denn, Sie bereiten sich die Gemüsechips selbst zu, ganz ohne Fett. Dazu einfach die Gemüsescheiben auf ein Backblech legen, ein bisschen Meersalz darüberstreuen und schön knusprig backen. Oder noch etwas energiesparender ist die Heißluftfritteuse. Für zwischendurch wäre das ein guter Kompromiss.

WIE GUT IST BROT AUS DEM SUPERMARKT ODER BACKSHOP?

Discounter gegen das Bäckerhandwerk. Letzteres liegt schon beinahe k. o. auf dem Boden seiner Backstuben. Dazu geführt haben die Dumpingpreise der Discounter, gestiegene Energiekosten durch den Ukraine-Krieg, Weizen, der so teuer wie nie zuvor geworden ist, und Verbraucher, die sich Backwaren vom Traditionsbäcker infolgedessen inzwischen kaum noch leisten können.

Die Bäckereien stehen vor einer großen Herausforderung. Und wenn der Discounter dann seine Aufbackware auch noch als »frisch gebacken« bewirbt, kann ich verstehen, wenn den Bäckern dabei die Galle hochkommt. Schließlich hat das Bäckerhandwerk über 3000 Brotsorten offiziell registriert, während der Backautomat beim Discounter lediglich ein mehr als überschaubares Standardsortiment an gebräunten Teiglingen aus-spuckt, die aus halb Europa, manchmal sogar aus Fernost, zu den Filialen geliefert wer-den. Sogar an der Tankstelle lassen sich heutzutage frische Brötchen für das Sonntags-frühstück besorgen. Die Zahl der traditionellen Bäckereien schrumpft deswegen Jahr für Jahr drastisch – von einst gut 55 000 Bäckereien in Deutschland auf inzwischen nur noch 11 000. Keine 10 Cent pro Brötchen der Discounter ist eine Ansage, die Konsu-menten verführt und Bäcker langfristig auf die Bretter schickt, im Kampf Discounter gegen Bäckerhandwerk. 37 Prozent der Backwaren nehmen Verbraucher*innen vom Discounter mit nach Hause[16]. Und die Zahl steigt jährlich kontinuierlich an. Der Pro-Kopf-Verbrauch bei Brot und Brötchen insgesamt liegt bei ca. 80 Kilogramm pro Jahr[17].

Vor gut 15 Jahren war ich selbst Inhaber einer Bio-Bäckerei in Berlin. Das Thema ist mir daher nah. Ein gutes Brot, ganz klassisch und ursprünglich, braucht lediglich Mehl, Sauerteig, Wasser, Salz – und Zeit. Aber solches Handwerk kostet eben und das zahlt niemand mehr gerne, wo es in den Geldbeuteln enger und enger wird.

DIE BACKWARE AUS DEM DISCOUNTER ETWAS GENAUER UNTER DIE LUPE GENOMMEN

Wer als Unternehmer, ohne selbst Bäcker zu sein, im eigenen Laden konventionelle Backwaren verkaufen will, macht das am besten mit Tiefkühlware. Dazu braucht es nur einen Konvektomaten (Heißluftofen), der die Teiglinge aufbackt. Dann ist die Ware schon verkaufsfertig. Knapp 400 000 Tonnen Backwaren importiert Deutschland pro Jahr. Davon stammen rund 100 Tonnen aus Frankreich. Alles, was irgendwann im Discounter, der Tankstelle oder Backshops landet, war im früheren Leben ein Tiefkühl-Teigling.

In diesen Teiglingen steckt im Prinzip alles, nur kein traditionelles Bäckerhandwerk. Dafür umso mehr Substanzen, die darin nichts verloren haben. Gut 200 Stoffe sind im Backgewerbe zugelassen. Die Industrie bedient sich davon reichlich. Da wird dem Mehl zum Beispiel Ascorbinsäure zugesetzt, damit es länger lagerfähig bleibt und sich die Kleberstruktur verbessert. Enzyme lassen das Brot locker erscheinen, es vergrößert sich beim Backen und bekommt ein besseres Aroma: Proteasen sind der Turbo zur schnelleren Teigreife, Amylasen halten Brot frisch. Aminosäuren folgen als Turbo Nummer zwei, weil der Teig dank ihres Einsatzes weniger lang geknetet werden muss. Emulgatoren machen aus wenig viel und, und, und. In keiner anderen Lebensmittelbranche werden so viele Zusätze verwendet wie im industriellen Backgewerbe.

WAS SPRICHT FÜR BROT AUS DEM DISCOUNTER UND WAS DAGEGEN?

Ist es schlimm, etwas Tiefgekühltes zu essen? Wir alle sind ja mit Tiefkühlkost aufgewachsen. Bei einer Packung gefrorener Erbsen ist es natürlich nicht schlimm, da die mehr oder weniger unbehandelt sind und daher gesund sind. Beim Anblick der Zutatenliste bei Backwaren vergeht mir allerdings der Appetit. In einem einzigen Brötchen oder Brot sind weit mehr als fünf Zutaten zu finden. Bei der Herstellung der Teiglinge muss es eben schnell gehen. Je schneller, desto mehr Teiglinge pro Stunde, desto mehr Umsatz. Das, was in der industriellen Fertigung an Zeit eingespart werden muss, würde jeder Backware ohne Zusätze den Rest geben und das Ergebnis dürftig ausfallen lassen. Der Chemiebaukasten fängt das mit Bravour auf. Deswegen steckt so viel davon in jedem Brot und Brötchen drin. Wem die genannten Inhaltsstoffe fremd sind oder wer die Kennzeichnung gar kaum lesen kann, weil sie so übertrieben kleingedruckt ist, der/die sollte stutzig werden.

Argumente für ein Brot aus dem Discounter finde ich jedenfalls keine, bis auf »billig«.

MACHEN ODER LASSEN?

Mein LASSEN ist eindeutig. Viele Gründe sprechen dafür. Das Bäckerhandwerk wird verdrängt. Aber mit unserem eigenen Einkaufsverhalten könnten wir dafür sorgen, dass es in ein paar Jahren noch Bäcker gibt. Die Inhaltsstoffe sprechen außerdem für sich. So viel Chemie tagtäglich, wie sie in Fertigbackwaren enthalten ist, kann unserer Gesundheit nur schaden. Eine wichtige Einschränkung habe ich zum Ende hin dennoch: Manche Handwerksbäcker versuchen ihre Situation einigermaßen zu retten, indem sie Fertigmischungen einsetzen. Fragen Sie daher gerne nach, wie die Produkte hergestellt worden sind. Jede Bäckerei ist verpflichtet, eine Zutatenliste auszulegen. Daran lässt sich für Laien sofort erkennen, ob traditionell gebacken oder nur eine Backmischung angerührt wurde.

HÄLT DIE FRISCHETHEKE, WAS SIE VERSPRICHT?

Letztens waren mein Mann und ich gemeinsam mit Freunden für ein Wochenende in Weimar. Wir machten ein bisschen Kultur und beim Bummeln durch die Stadt fielen mir die vielen Metzgereien auf. Das erinnerte mich an frühere Zeiten, als ich noch ein kleiner Ron war. In Berlin gab es an jeder Ecke eine Metzgerei – auch gegenüber unserem Wohnhaus war eine. Wenn es fürs Abendbrot noch Salami brauchte, wurde ich rübergeschickt, um ein paar Scheiben zu holen. Ich bestaunte die Haken an den Wänden der Metzgerei. Daran hingen verschiedene Wurst- und Fleischwaren. Die Salami wurde grundsätzlich direkt vor meinen Augen frisch aufgeschnitten, in Papier eingeschlagen und eine Scheibe bekam ich zum Abschluss immer geschenkt. Direkt in die Hand hinein. Lecker!

Frischer geht's nicht. An abgepackte Wurst kann ich mich ehrlich gesagt nicht erinnern. Ich kann nicht mal sagen, ob es das bei uns im Osten überhaupt gab. Fast jeder Supermarkt hat heute auch eine Frischetheke. Wurst, Fleisch, Käse. Aber wie frisch ist die Ware dort tatsächlich?

DAS SPIEL MIT DEN EMOTIONEN

Lebensmittelkonzerne wissen genau, wie sie mit uns und unseren Gefühlen spielen müssen, damit wir das tun, was sie wollen. Mit einer Frischetheke assoziieren wir unweigerlich 1A-frische, allerbeste Ware. Verkäufer*innen mit weißer Kleidung stehen hinter der Theke und bedienen uns. Die Wände sind meist aus Fliesen und beim Wunsch nach einem gekochten Rippchen wird schon auch mal das Beil herbeigeholt und mit einem kräftigen Schlag durchtrennt. Ich kaufte bisher häufig an der Frischetheke ein. Es gibt mir in der Tat ein besseres Gefühl. Gerade wenn es um Gehacktes geht, bin ich vorsichtig. Sämtliche Wurstwaren liegen als ganze Stücke in der Auslage. Es werden stets nur so viel in Scheiben davon abgeschnitten, wie viele ich umgerechnet in Gramm haben möchte. Beim Käse genauso. Die Käsetheke ziert in der Mitte oft ein riesiges, rundes Stück Emmentaler. Man könnte meinen, da kommt gleich der Landwirt um die Ecke mit frisch hergestelltem Käse, den er in Form eines leckeren Käserads in die Auslage hievt. Ich könnte wetten, Ihnen geht das ähnlich mit den Vorstellungen, Gedanken und

Emotionen. Selbst jetzt beim Lesen dieser Zeilen. Woher aber kommt die Ware? Frisch vom Metzger? Vom Landwirt? Oder ist das alles ein einziger Fake?

WAS SPRICHT FÜR DEN KAUF BEI DER FRISCHETHEKE UND WAS DAGEGEN?

Problematisch ist für uns Verbraucher, dass wir eben nicht nachvollziehen können, woher Wurst, Fleisch und Käse stammen, die so appetitlich in der Frischetheke drapiert sind. Nehmen wir als Beispiel eine Sorte Käse. Diese gibt es ab Fabrik fertig portioniert und in Folie geschweißt überall in den SB-Kühltheken im Supermarkt zu kaufen. Haltbarkeitsdatum drauf, Zutatenliste drauf, Preis drauf, recht schön bunt gehalten bei der Verpackung, damit es zum Kauf animiert. Ein Stück weiter findet sich in der Kühltheke nahe der Frischetheke dieselbe Käsesorte in größeren Stücken, ebenfalls fertig abgepackt und etikettiert. Das wirkt so, als würde jeden Morgen jemand ein Stück frisch vom Laib abschneiden und dorthin legen. Als Letztes wäre noch der gleiche Käse in der Frischetheke zu erwähnen. Da sind die präsentierten Stücke groß und ich bekomme davon so viel abgeschnitten – am Stück oder in Scheiben –, wie ich will. Dabei handelt es sich bei allen drei Verkaufsvarianten in der Regel um denselben Käse aus derselben Fabrik aus derselben Produktion. Nur die Verpackung suggeriert uns jeweils etwas anderes.

In den vergangenen Jahren gab es immer wieder Tests von verschiedenen Verbrauchermagazinen, die feststellten: Ist alles dieselbe Ware. Derselbe Hersteller, dasselbe Produkt, dieselben Inhaltsstoffe. Nur in anderer Darreichungsform. Hier könnte man sagen, okay, ist doof, aber wenn ich's weiß, schon in Ordnung. Viel schlimmer jedoch sind die Preisunterschiede, mit denen uns die Hersteller gnadenlos über den Tisch ziehen. Der exakt gleiche Käse an der Käsetheke ist stellenweise bis zu 50 Prozent teurer als die SB-Ware im Discounter.

Und auch die schlechte Kennzeichnung an Frischetheken ist generell ein Problem. Da wird mit unser aller Assoziation der frischen 1A-Qualität gespielt. Mitunter steht in kleinen Buchstaben unter dem Preis der Waren die Notiz »aufgetaute Ware«. Das hat mit frisch dann eher gar nichts zu tun, ist allerdings so winzig gekennzeichnet, dass es kaum jemandem auffällt. Mit der Kennzeichnung gehen die Konzerne aus gutem Grund so sparsam um. Würde da bei der Wurst oder dem Fleisch »aus ganz miserabler Haltung« stehen, wären unsere Idealvorstellungen im Nu zerstört. Und ein Teil des Umsatzes für den Supermarktbetreiber auch.

Nach einer repräsentativen Umfrage erwarten 77 Prozent der Supermarktkundschaft an der Frischetheke Fleisch und Wurst aus artgerechter Haltung[18]. Damit liegen die Vorstellungen der Verbraucher und die Realität weit auseinander. Laut Greenpeace ist im Sortiment der Eigenmarke von Supermärkten/Discountern beim Frischfleisch

- 69,1 Prozent aus Haltungsstufe 1 (Stallhaltung ohne Außenluft),
- knapp ein Viertel aus Haltungsstufe 2 (Stallhaltung ohne Außenluft mit minimal mehr Platz als in Haltungsstufe 1 zur Verfügung und minimalen Beschäftigungsmöglichkeiten).

Ein Schwein hat in Haltungsstufe 2 exakt 0,825 Quadratmeter Stallfläche für sich zur Verfügung. Das zeigt, dass an der Frischetheke überwiegend Fleisch und Wurst aus Haltungsstufen verkauft werden, die kaum etwas mit Tierwohl zu tun haben. Beim freiwilligen Tierwohl-Label der »Initiative Tierwohl« gibt es noch die Haltungsstufen 3 (Außenklima) und 4 (Premium). Bei letzterer haben die Tiere tatsächlichen Auslauf ins Freie und Schweine beispielsweise doppelt so viel Platz wie in Haltungsstufe 1. Auch Bio-Fleisch findet sich in der Kategorie 4. Dieses freiwillige »Initiative Tierwohl«-Label findet sich mittlerweile in allen Supermärkten und Discountern. Neu kommt nun noch das staatliche Siegel dazu, das vorerst Produkte aus Schweinefleisch in 5 Stufen kategorisiert: Stall, Stall + Platz, Frischluftstall, Auslauf + Weide und Bio. Der Ausbau auf weitere Tierarten ist geplant. Auch die Big Player der Lebensmittelkonzerne geben an, an ihren Frischetheken alsbald etwas ändern zu wollen, wann und wie genau, steht aber teils noch in den Sternen.

Die REWE Group gibt dazu auf ihren Seiten folgende Auskunft: »Heute stammt das gesamte Hähnchen- und Putenfleisch unserer REWE Eigenmarken von Höfen mit den Haltungsformen 2, 3 und 4. Auch beim Schweinefleisch achten wir auf die Herkunft – alle Schritte der Wertschöpfungskette finden in Deutschland statt. Mindestens 50 Prozent des Frischfleisches in der Bedientheke sind seit Ende 2021 auf die Haltungsform 2 oder höher umgestellt.«

Edeka schreibt, dass »99 Prozent des Schweinefleisches, das in den SB- und Frischetheken unter den Eigenmarken angeboten wird, aus Deutschland stammt. Das Markenfleischprogramm »Hofglück« wird mit der höchsten Haltungsform 4 ausgelobt.«

Genaues Hinschauen und Nachfragen lohnt sich. Auch wenn das Fachpersonal hinter der Theke – vor allem bei Fleischprodukten – nicht immer Bescheid weiß über die Herkunft des Produkts (eine Auszeichnung ist in den meisten Fällen kein Muss und damit auch keine »Wissenspflicht« beim Verkaufspersonal), immerhin kann man sich da beraten lassen: welches Fleisch sich wofür eignet, was der Unterschied ist zwischen verschiedenen Schinkensorten, wie viel Käse man für ein Käsefondue braucht …

Wer sich an der Supermarkt-Frischetheke zu wenig über die Herkunft des Produkts informiert fühlt, kann natürlich zum örtlichen Metzger gehen und zu den gewünschten Produkten nachfragen – hier gibt es in jedem Fall Auskunft zu jedem Produkt Auskunft zur Herkunft und den Haltungsformen der Tiere.

MACHEN ODER LASSEN?

LASSEN für Waren aus der Frischetheke. Sie sind teurer, selten gekennzeichnet, Wurst und Fleisch kommen überwiegend aus den schlechtesten Haltungsstufen. Eine bessere Auswahl an Käse, Fleisch und Fleischprodukten von Tieren aus besseren Haltungsformen gibt es aktuell nur im Selbstbedienungsregal oder beim Metzger Ihres Vertrauens.

Ein bedingtes MACHEN für diejenigen, denen es vor allem um eine individuelle Bedienung geht, sei es, dass der Käse/die Wurst auf eine bestimmte Dicke geschnitten ist, sei es, dass man bestimmte Fleischzuschnitte bekommen möchte, Fleisch von Tieren aus besonderer Zucht oder auch eine bestimmte Art von marinierten Spießen, die es so nicht im SB-Regal gibt.

IST AROMATISIERTES WASSER SEINEN PREIS WERT?

Ich stand in einer Kaffeehauskette an der Kasse und wartete, bis ich dran war. Da die Schlange vor mir lang war, hatte ich Zeit, mich in aller Ruhe umzuschauen. Mein Blick fiel ins Kühlregal. Dort wurden verschiedene Wässer mit und ohne Kohlensäure angeboten. Dazu zwei aromatisierte Wassersorten der Geschmacksrichtungen Orange und Gurke. Beide kosteten jeweils 2 Euro. Das fand ich für ein bloßes Wasser mit Geschmack sehr happig. Ich fragte mich, ob es das wirklich wert war und da zu der Zeit Sommertemperaturen herrschten, passten tiefergehende Recherchen zum Thema doppelt gut. Gerade im Sommer sollen wir ja reichlich trinken. Zu viel Limonade ist ungesund und nur Wasser ohne Geschmack ist vielen zu fade. Wieso also nicht Wasser mit ein paar Geschmacks-PS mehr?

KANN ICH AUCH LEITUNGSWASSER TRINKEN ODER MUSS ES IMMER EINS AUS DER FLASCHE SEIN?

Es kursieren viele Gerüchte pro oder kontra Leitungswasser. Die einen halten es für die Lösung überhaupt. Die anderen meinen, darin wären nicht genug Mineralien enthalten, es sei quasi »totes« Wasser, wenngleich gut kontrolliert. Die Verbraucherzentrale beurteilt das so: »Leitungswasser ist ein idealer Durstlöscher. Es ist in Deutschland überall von guter bis sehr guter Qualität und kann bedenkenlos getrunken werden, sofern keine Bleileitungen im Haus sind. Es ist circa 100-mal preiswerter als Mineralwasser aus Flaschen.«[19]

Studien fanden allerdings heraus, dass Leitungswasser keinen nennenswerten Beitrag dazu leistet, uns mit Mineralien zu versorgen. Ob Mineralien im Wasser aber überhaupt verstoffwechselt werden können, ist eine immer wieder diskutierte Frage. Das derzeitige Fazit scheint so auszusehen, dass die im Wasser enthaltenen Mineralien nicht der Zelle dienlich sind, sondern lediglich eine naturgegebene Grundlage der Wasserstruktur darstellen. Wichtige Mineralien nimmt der Körper sowieso nicht aus Flüssigkeiten, sondern aus der Nahrung auf. Aus dieser Perspektive betrachtet, entgeht uns also nichts, wenn wir Leitungswasser trinken.

WAS STECKT IN DEN AROMATISIERTEN WÄSSERN ALLES DRIN?

Egal welchen deutschen TV-Film ich schaue: Kommt darin eine sommerliche Szene vor, in der zufällig ein Esstisch eine Rolle spielt, steht zu 100 Prozent eine Kanne mit aromatisiertem Wasser darauf – mit erfrischend aussehenden Zitronen- oder Gurkenscheiben darin. Sieht sehr lecker aus. Die deutsche Lebensmittelindustrie hat natürlich auch erkannt, dass es dringend eine Alternative zum normalem Wasser oder den zuckerhaltigen Limos braucht. Also erfand sie ihr eigenes aromatisiertes Wasser. Es soll genauso natürlich erscheinen wie das, das in den Filmen auf dem Tisch steht. Als hätte irgendein Mitarbeiter des Großkonzerns eben erst eine frische Zitrone aufgeschnitten und den Saft in die Flasche eingeträufelt. Und weil das dermaßen gut zieht, läuft der Absatz der aromatisierten Wasser super. Die Geschmacksrichtungen sind unerschöpflich: Apfel, Kirsche, Hibiskus, Orange, Minze, Mango und, und, und. Zusätzlich zu den hinzugefügten Aromen werden manche Produkte auch noch mit ein paar Vitaminen aufgepeppt. Jedes Kind weiß: Wir brauchen Wasser, wir brauchen Vitamine, schmecken soll's und zusätzlich schön praktisch sein für unterwegs. Gekauft! Was auf den überwiegend aus Plastik gefertigten Flaschen als »natürliches Aroma« beschrieben wird, kommt jedoch überwiegend aus dem Chemielabor.

WAS SPRICHT FÜR AROMATISIERTES WASSER UND WAS DAGEGEN?

Als Beispiel nehmen wir uns dazu eine Zutatenliste zur Brust. Es geht um ein Wässerchen mit Mangogeschmack – Zutaten: natürliches Mineralwasser, Kohlensäure, natürliches Mangoaroma, Säuerungsmittel: Citronensäure. Beim Wort »Aroma« schellen meine Alarmglocken sofort. Klingt nicht besonders natürlich.

Zweites Beispiel, Wasser mit Himbeergeschmack – Zutaten: natürliches Mineralwasser, Zucker, Säuerungsmittel Citronensäure, Konservierungsstoff E202, Aroma. Okay! Außer Aroma ist da also auch noch ein Konservierungsstoff mit am Start.

Produkt 1, das Mangowasser, darf sein Aroma im Gegensatz zu Produkt 2, dem Himbeerwasser, deshalb »natürliches Aroma« nennen, da die Ausgangsbasis dieses Stoffes irgendwo in Richtung tierischen oder pflanzlichen Ursprungs zu verorten ist. Das liest sich zunächst besser, als es in Wahrheit ist. Es handelt sich dabei oft um Bestandteile aus Pflanzen oder Tieren oder Mikroorganismen, die so ähnlich schmecken wie Mango – aber keine Mangobestandteile beinhalten.

Produkt 2 kann jedoch nicht einmal damit aufwarten. Es darf das Himbeeraroma nur »Aroma« nennen, hier gibt es kein Bakterium oder ähnliches »Natürliches«, das sich für den Geschmack verantwortlich zeigt. Das Himbeeraroma ist rein chemischen Ursprungs. Und dann wäre da ja noch der Konservierungsstoff E 202 (Kaliumsorbat). Er verhindert, dass sich Schimmelpilze bilden. Der Stoff ist umstritten. Die European Food Safety Authority (ESFA) gibt an, dass man auf keinen Fall mehr als 3 mg Kalium pro Kilogramm Körpergewicht und Tag zu sich nehmen soll[20].

Aus den vorangehenden Zeilen lässt sich erkennen: Es fällt mir schwer, ein Argument zu finden, das für den Verzehr der im Handel angebotenen aromatisierten Wasser spricht. Einzig zu erwähnen ist an dieser Stelle, dass aromatisiertes Wasser weniger Zucker enthält als viele andere Erfrischungsgetränke und Limonaden.

MACHEN ODER LASSEN?

LASSEN! Die Zutatenlisten sprechen dagegen, da von der angegebenen Frucht beziehungsweise dem angegebenen Gemüse rein gar nichts enthalten ist. Warum also ein aromatisiertes Kirschwasser trinken, in dem gar keine Kirschen drin sind? Nicht mal ein Hauch davon. Zusätzlich enthaltene Vitamine braucht das Wasser auch nicht, da es sinnlos ist. Der Körper kann damit nichts anfangen. Nur sehr wenige aromatisierte Wasser im Handel verzichten auf Aromen und Konservierungsstoffe. Und das darf dann mit teuren 3 Euro pro Liter bezahlt werden. Bereiten Sie daher Ihr aromatisiertes Wasser lieber selber zu. Das geht schnell, einfach und ist um ein Vielfaches günstiger sowie natürlicher.

SIND ENERGYDRINKS GESUNDE WACHMACHER?

Die Nacht war kurz und auf dem Tagesplan steht einiges. Die einen probieren es mit Kaffee, die anderen mit einer kalten Dusche und wieder andere mit einem koffeinhaltigen Energiedrink. Der muss häufig auch bei langen Autofahrten herhalten oder wenn man auf der Party nicht schlappmachen will. Bei Schüler*innen und Student*innen sehr beliebt: Ein Energiedrink als Wachmacher beim Büffeln. Danach passt weiterer Lernstoff ins Gehirn, das eigentlich schon längst nicht mehr kann. In allen beschriebenen Fällen werden also dringend die »Flügel« gesucht, von der so manche Werbung immer spricht, dass sie einem bei Genuss von Energydrinks verliehen werden. Fast jeder findet den Werbeslogan lustig – bis auf einige US-Amerikaner, die den betreffenden Konzern ab 2013 verklagten. Sie behaupteten, dass das mit der vermehrten Leistungsfähigkeit nach Genuss gar nicht stimmen würde. Lassen Sie uns die koffeinhaltigen Energiedrinks etwas näher anschauen. Sind sie so wirksam, wie man ihnen nachsagt, oder sind sie am Ende gar gefährlich?

WAS IST DER UNTERSCHIED ZUM KAFFEE?

Rund 3 Millionen Deutsche trinken mehrmals die Woche Energydrinks. Bei jungen Menschen gehören die belebenden Dosengetränke längst zum Alltag. 70 Prozent der 14- bis 18-Jährigen halten regelmäßig eines in der Hand. Die Politik hat da ihre Bedenken und möchte Energydrinks für unter 16-Jährige verbieten. Die Verbraucherzentralen fordern noch mehr: ein generelles Verkaufsverbot für Minderjährige und bessere Warnhinweise auf den Getränken. Kinderärzte unterstützen diese Forderungen längst. Lettland, Litauen und England sind da viel weiter. Sie haben den Verkauf von Energydrinks an unter 18-Jährige bereits verboten. In Deutschland kann sie immer noch jeder überall kaufen, unabhängig vom Alter.

Warum sind Energydrinks für unsere Kids schädlich und nicht nur eine Art harmloser kalter Kaffee in Form eines megasüßen Erfrischungsgetränks?

Der Unterschied zu Kaffee ist der, dass in einem Energydrink eine Menge Zusatzstoffe wie Taurin, Guarana, B-Vitamine enthalten sind – und obendrein noch sehr viel

Zucker! Teils werden überdies noch Säuerungsmittel, das als leistungssteigernd geltende Glucuronolacton und Aromen zugesetzt. Von ihrem Koffeingehalt sind beide Getränke, Energydrinks und Kaffee, in etwa ähnlich. Bei Energydrinks sind das 32 Milligramm pro 100 Milliliter, was der gesetzlichen Höchstmenge entspricht. Kaffee pur allerdings schmeckt bitter, der Energiedrink pappsüß. Das macht ihn so gefährlich, da die Süffigkeit dazu verleitet, sich zu viel davon in zu kurzer Zeit einzuverleiben. Da kann man unverhofft schon mal nervös werden, Herzflattern bekommen, sogar Wahrnehmungsstörungen oder Kopfschmerzen und regelrecht zusammenklappen. Richtig gefährlich wird es in Kombination mit Alkohol. Gerade aber diese Verbindung ist bei jungen Menschen der Renner. Sie sind damit die klar gefährdete Zielgruppe, die von Energydrinks und natürlich auch von Alkohol abhängig werden können.

RÜCKBLICK: WOHER KOMMEN DIE KOFFEINHALTIGEN ENERGYDRINKS?

Die Idee stammt aus Japan. Damals wollte man Kampfpiloten leistungsfähiger machen. Dadurch wurden die Energydrinks rasant im asiatischen Raum bekannt. Der Österreicher Dietrich Mateschitz importierte die Idee in den 1980er Jahren nach Europa und gründete die Marke RedBull. Allein der Marktführer verkauft pro Jahr an die 12 Milliarden Dosen seines Energydrinks[21]. Ökotest sieht die Drinks skeptisch: Im Test erhielten die Produkte durchweg nur ausreichende oder gar mangelhafte Bewertungen, da zumeist die Warnhinweise fehlten.[22]

WAS SPRICHT FÜR ENERGY-DRINKS UND WAS DAGEGEN?

Der Zuckergehalt einer einzigen Dose ist enorm: rund 30 Gramm, umgerechnet sind das 10 Stück Würfelzucker, und das auf schlappe 250 Milliliter. Cola hat ja längst den Ruf eines Zuckerwassers weg, doch mit 10 Stücken Würfelzucker in einem Energydrink kann nichtmal mehr die mithalten. Das will schon was heißen! Übergewicht, Diabetes und schlechte Zähne sind die Folgen. Die werden dabei zusätzlich noch durch Säuerungsmittel wie Citronensäure angegriffen. Die Alternative der zuckerfreien Energydrinks ist auch nicht wirklich besser. Diese enthalten Süßstoffe wie Sucralose. Dadurch sind sie zwar kalorienärmer, können allerdings die Darmflora angreifen oder den Stoffwechsel durcheinanderbringen, der dann überhaupt nicht mehr weiß, wo oben und unten ist.

Das Koffein hatte ich bereits weiter oben angesprochen. Bei Genuss von einmalig einer Dose ist das sicher noch okay. Oft bleibt es aber nicht dabei, und dann kann es für den Körper brenzlig werden, was er deutlich zeigt. Die Europäische Sicherheitsbehörde (EFSA) hat in einer wissenschaftlichen Bewertung Höchstmengen für die Aufnahme von Koffein angegeben[23]. Bei Erwachsenen sind das bis zu 200 Milligramm als Einzeldosis. Das entspricht zwei bis drei Tassen Kaffee oder 0,6 Liter Energydrink. Empfindliche Menschen reagieren bereits bei einer geringeren Menge Koffein.

Kommen wir zum Taurin, das als einer von mehreren Stoffen die Wirkung des Koffeins verstärken soll. Durchschnittlich nehmen wir über die normale Nahrung 200 Milligramm pro Tag zu uns, zum Beispiel, wenn wir Hähnchenfleisch oder Thunfisch essen. Ein einziger Energydrink enthält allerdings bereits die fünffache Menge! Derzeit ist nicht näher untersucht, was es mit unserem Körper macht, wenn er mit diesen Mengen an Taurin fertigwerden muss. Das bekommt einen bitteren Beigeschmack durch die Tatsache, dass der auslösende Energieschub durch Taurin bisher noch gar nicht wissenschaftlich bestätigt wurde. Was allerdings feststeht: Taurin, Guarana oder L-Arginin erhöhen in Verbindung mit Koffein die Risiken für Herz-Kreislauf-Erkrankungen. Darauf weist eine Studie aus dem Jahr 2011 hin.[24]

Wissenschaftliche Untersuchungen belegen, dass das Gefühl von Trunkenheit nicht richtig wahrgenommen wird, wenn Energydrinks zusammen mit Alkohol getrunken werden[25]. Man ist also stockbesoffen, bekommt das aber nicht mit, da Müdigkeit und Erschöpfung weniger wahrgenommen werden. Das kann gefährlich enden. Außerdem sollen mehrere Todesfälle in Zusammenhang mit dem Konsum von Energydrinks stehen. In einer aktuellen Studie der Wake Forest University in den USA wurde nun nachgewiesen, dass diese Unterschätzung offenbar fatale Folgen hat. Das Forschungsteam unter der Leitung von Dr. Mary O'Brian fand heraus, dass Studierende, die eine Vorliebe für Alkohol gemischt mit Energy-Drinks haben, sich mit einer zweifach höheren Wahrscheinlichkeit verletzten, so dass sie ärztlich versorgt werden müssen, verglichen mit Personen, die nur Alkohol trinken. Beim Konsum von Alkohol-Energy-Drink-Mischgetränken besteht zudem eine doppelt so hohe Wahrscheinlichkeit, andere sexuell auszunutzen oder selber Opfer von ungewolltem Sex zu werden. Die Ergebnisse basieren auf einer Internetbefragung, an der über 4000 Studierende von zehn Universitäten teilgenommen haben.

MACHEN ODER LASSEN?

In jedem Fall LASSEN! Die Getränke enthalten zu viele Zusätze, die entweder nachweislich ungesund sind, oder deren Kombination noch nicht abschließend erforscht ist. Es gibt bessere Alternativen – für den erfrischenden Moment genauso wie für den Koffeinkick.

KANN ICH GUTEN GEWISSENS KAPSELKAFFEE TRINKEN?

Neben Schokolade habe ich ein zweites großes Laster: Kaffee! Ohne wäre für mich undenkbar. Im Schnitt gibt's bei mir jeden Tag sechs Espressi. Schön vermengt mit Milch. Ich weiß selbst, dass das ein bisschen viel ist. Zu meiner Verteidigung kann ich sagen, dass ich kaum Alkohol trinke und auch nicht rauche. Wenn ich an meine Kindheit denke, habe ich sofort den Duft eines bestimmten Kaffees im Kopf. Meine Mutter mahlte die Bohnen ganz frisch, kurz danach blubberte die Filterkaffeemaschine. Ohne Kaffee am Morgen war meine Mutter zu nichts zu gebrauchen.

Das hat sich genetisch 1:1 an mich weitervererbt. Schon als Kind beschäftigte ich mich mit der Kaffeezubereitung und drängelte mich oft vor, weil ich das für meine Eltern übernehmen wollte. Heute bin ich klassisches Marketingopfer. Ich stehe außer auf Espresso total auf Latte Macchiato, Caffe Latte und eine Zeit lang sogar auf Caramel Macchiato (das ist das reinste Zuckerwasser). Eine bestimmte Art der Kaffeezubereitung fehlt jetzt noch in der Aufzählung: die Kaffeekapseln. Vor 20 Jahren bekamen diese einen Aufschwung. Dabei gibt es sie schon viel länger. Seit George Clooney vor zehn Jahren angefangen hat, dafür zu werben, gibt es kein Halten mehr für die Kapseln. Trotz Hollywoodglamour stehen sie aber auch im Verruf. Zu umweltbelastend, zu viel Plastikmüll, aber halt auch sehr praktisch.

KAFFEEKAPSELN IN HÜLLE UND FÜLLE

Genau wie George Clooney hatte auch ich im Büro eine Zeit lang einen solchen Kapselautomaten stehen. Der Kaffee schmeckte mir sehr gut. Zu den Hochzeiten der Clooney-Werbung gab es einen klaren Marktführer auf diesem Segment. Bei dem ist es nicht geblieben. Überall gibt es inzwischen die bunten Alu-Kapseln zu kaufen. Nach den Markenherstellern wollten die Discounter ebenso ihre Geschäfte damit machen und erschufen ihre Eigenmarken. Unzählige Einmalkapseln sowie ein paar wenige Mehrwegkapseln fluteten den Markt – ich habe den Überblick längst verloren. Selbst Tee, Eistee oder Kakao wird bereits in Kapselform angeboten.

WIE FUNKTIONIERT DAS MIT DEN KAFFEEKAPSELN?

Kaffeefiltermaschinen und Kaffeeautomaten werden direkt mit gemahlenem Kaffee oder ganzen Bohnen befüllt. In letzterem Fall mahlt die Maschine die Bohnen vor jeder Kaffeezubereitung frisch. Anders bei den Kaffeekapseln, in denen das vorportionierte Kaffeepulver unterschiedlichster Art enthalten ist. Man legt sie in die Kaffeemaschine, drückt aufs Knöpfchen und erhält am Ende eine Tasse Kaffee – sowie die leere Kapsel zurück, die dann in den Müll wandert.

WAS SPRICHT FÜR DIE VERWENDUNG VON KAFFEEKAPSELN UND WAS DAGEGEN?

In einer Kapsel stecken um die 6,5 Gramm Kaffee. Verpackt wird er in vier Gramm Außenhülle und anteiliges Verpackungsmaterial. Allein dieses Verhältnis ist schon mal schräg. Damit es noch deutlicher wird, reiche ich ein paar erschreckende Zahlen hinterher. Die Deutschen warfen im Jahr 2019 allein 3,4 Milliarden Kaffeekapseln in den Müll. Das verursachte 13 000 Tonnen Aluminium-, Plastik- und Papierabfälle[26]. Um diese Mengen an Aluminium zu produzieren, die für die Kapseln nötig sind, wird jährlich so viel Energie verbraten, wie eine mittelgroße Stadt mit ca. 50 000 Einwohnern pro Jahr verbrauchen würde. Aluminium hat eine geringe Dichte, dafür eine hohe Beständigkeit. Das macht es im Automobilbau und in der Raumfahrttechnik so begehrt. Dort machen die guten Eigenschaften von Aluminium sowie der hohe Energieaufwand bei Produktion Sinn, denn die Endprodukte sind langlebig. Die Lebenszeit einer Kapselkaffeeverpackung dagegen ist kurz. Wenige Sekunden nach Gebrauch hat sie ausgedient. Eine ökologische Todsünde. Theoretisch könnte man Aluminiumkapseln recyceln und praktisch passiert das auch. Wenn, entstehen daraus jedoch keine neuen Kapseln, sondern minderwertige Aluminiumprodukte. Viele landen außerdem gar nicht in der gelben Tonne/im gelben Sack, sondern im Restmüll. Und nicht wenige von ihnen auch in unseren Weltmeeren. Bis sie sich dort von allein aufgelöst haben, dauert es um die 200 Jahre. Kunststoff ist allerdings auch keine geeignete Alternative: Eine Kunststoffkapsel braucht mit etwa 500 Jahren deutlich länger, bis von ihr nichts mehr übrig ist.

Lassen Sie uns einen Blick auf die Aluminium-Produktion werfen. Dazu braucht es als Ausgangserz Bauxit. Für dessen Abbau werden u. a. Regenwälder in Indonesien oder Brasilien gerodet. Bei der Verarbeitung von Bauxit zu Aluminium entstehen sehr viele giftige Abwässer, die aus gutem Grund »roter Schlamm genannt« werden. Der ist nicht ohne! In den Produktionsländern wird dieser oft nicht sachgerecht gelagert. Er gelangt dadurch in die umliegenden Gewässer. Insgesamt braucht es über 15 000 Kilowattstunden an Energie, bis eine Tonne Aluminium hergestellt ist.

Und wie schädlich ist Aluminium für die Gesundheit? Noch gibt es keine verwertbaren Studien, wie toxisch Aluminium bei oraler Aufnahme wirkt. Forscher mahnen aber, dass wir künftig bewusster mit Aluminium umgehen sollen. Niemand weiß, wie sich selbst kleinste Mengen – täglich mit dem Kaffeepulver aufgenommen – langfristig auswirken. Aluminium steht im Verdacht, sich im Skelett und in der Lunge abzusetzen. Von dort aus kann es das Nervensystem und die Nieren schädigen. So etwas bringt man ungern mit dem köstlichen Kaffeegenuss am Morgen zusammen.

MACHEN ODER LASSEN?

Unbedingt LASSEN! Alukapseln sind ein Desaster in Sachen Umweltschutz. Wie gesund das auf Dauer ist, lässt sich zudem nicht absehen. Der Preis verleiht dem Kapselkaffee einen weiteren Knockout. Auf das Kilo Kaffee umgerechnet, kommt der Kapselkaffee auf satte 70 Euro. Kaffebohnen von richtig guter Qualität kosten um die 20 Euro pro Kilo – oft in Bio-Qualität. Das ist mitunter der beste Kaffee, den man bekommen kann. Wer dennoch weiter auf die Kapsel schwört, könnte darüber nachdenken, auf die Mehrwegalternative umzusteigen. Eigenes Kaffeepulver einfüllen, fertig, die Kapsel wiederverwenden. Das ist billiger und die Umwelt wird auch weniger belastet.

WIE GESUND SIND INGWERSHOTS?

Ingwershots schmecken scharf und mir persönlich rollt es die Zehennägel
auf, wenn ich nur daran rieche. Ich habe sie trotzdem probiert ...
Sie reihen sich im Kühlregal des Supermarkts dutzendfach nebeneinander
und sind derzeit top angesagt. Man findet sie direkt neben den Smoothies
und kaltgepressten Gemüse- oder Obstsäften. Will heißen: Ingwershots
sind gesund. Jedenfalls halten die Hersteller ihr Angebot für ultragesund.
Deshalb bewerben sie ihre Produkte auch in hohem Maße lobend.
Ingwershots würden das Immunsystem stärken und dazu beitragen,
uns gesund und fit zu halten – im Herbst/Winter sowieso,
wenn an jeder Ecke Grippeviren lauern.

DER INGWER

Seitdem Ingwer in Deutschland so beliebt ist, explodierte dessen Import mit satten 35 000 Tonnen im Jahr 2021. Im Vergleich dazu: 2011 waren es gerade mal um die 8000 Tonnen. Wir kochen mit Ingwer, wir bereiten uns frischen Tee daraus zu und freuen uns, uns mit dem Ingwer Gutes zu tun. Die Wurzel kommt als echter Tausendsassa für unsere Gesundheit daher.

Die Ingwerpflanze selbst sieht aus wie Schilf. In ihren dicken, knolligen unterirdischen Wurzelstöcken finden sich Nährstoffe und ätherische Öle. Richtig interessant machen die Ingwerwurzel aber vor allem ihre Scharfstoffe. Ihnen wird heilende Wirkung zugesprochen, zum Beispiel bei Verdauungsproblemen, Erkältungen und sogar Alzheimer. Denn ein Stoff des Ingwers kann dazu beitragen, die Gehirnfunktion zu unterstützen. Die Scharfstoffe wirken außerdem entzündungshemmend und waren in Laborversuchen gegen verschiedene Viren wirksam.

In der traditionellen chinesischen sowie der indischen Medizin wird Ingwer seit Jahrhunderten als Heilmittel eingesetzt. Als Erkältungsprophylaxe ist frisch aufgeschnittene Ingwerwurzel – mit heißem Wasser übergossen – der Hit. Mit seinen blutverdünnenden und gerinnungshemmenden Eigenschaften kann er jedoch auch Nebenwirkungen verursachen. Nach der Einnahme kann es kurzfristig zu einem leichten Anstieg des Blutdrucks kommen. Die Herz-Kreislauf-Tätigkeit wird angeregt, die Durchblutung auch. Vor Operationen sollte man daher besser keinen Ingwer verzehren. Zusammen mit Blutgerinnungshemmern ist das ebenso keine gute Idee.

Bleibt die Frage: Wenn frischer Ingwer so gesund ist, sind das dann auch seine kleinen industriell hergestellten Schwestern – die Ingwershots?

WAS IST DRIN IM INGWERSHOT?

Ich machte mich auf die Suche nach den Scharfstoffen in den sogenannten Zaubertrunks. Denn auf die kommt es an. Aber ich suchte vergeblich. Stiftung Warentest suchte 2021 mit mir, fand auf den Etiketten aber auch keine genauen Angaben[27]. Die getesteten Shots bestanden zu 10 bis 34 Prozent aus Ingwersaft oder -stücken. Der Rest war Fruchtsaft. Viel Ingwer bedeutet aber nicht immer auch viel seiner gesundheitsfördernden Scharfstoffe. Vitamin C in unterschiedlich hoher Konzentration war ebenso enthalten. Das kommt aber nicht vom Ingwer. Zutaten wie Acerola und Camu Camu – beides Beeren von süd- bzw. mittelamerikanischen Sträuchern –, Sanddorn oder auch industriell hergestellte Ascorbinsäure sind dafür verantwortlich.

Stichwort Zucker. Jetzt wird's interessant! Der Zuckergehalt eines Shots ist bei manchen Produkten höher als in vergleichsweise derselben Menge Cola.

Die meisten Ingwershots basieren auf Apfelsaft, einige wenige auf Orangensaft. Reiner Ingwersaft wäre viel zu scharf. Pur könnte man ihn gar nicht trinken. Daher kippen manche Hersteller, denen der Apfelsaft noch nicht süß genug ist, zusätzlich noch Agavendicksaft ins Produkt. Und das ist trotz des natürlich klingenden Namens, wie an anderer Stelle (siehe S. 28) bereits erwähnt, nichts anderes als purer Zucker.

WAS SPRICHT FÜR DEN INGWERSHOT UND WAS DAGEGEN?

Auf jeden Fall spricht so einiges dagegen: Der Ingwershot wird als medizinisches Wunder angepriesen. Die ganze Aufmachung schreit uns das schon von der Verpackung aus entgegen. Das soll uns vermitteln, dass es sich um etwas Besonderes vom Besonderen handelt und kein Lebensmittel im herkömmlichen Sinne ist. Mein Rat an der Stelle ist: Nicht alles glauben, was vorne auf der Verpackung steht oder auf schönen Bildern zu sehen ist.

Auf die Zutatenliste schauen! Lese ich dort das Wort »Aroma xy«, bekomme ich schon mal Bauchweh. Ingwershots enthalten zu viel Zucker und sie kosten 10 bis 70 Euro pro Liter! Wenn wir umrechnen, wie viel – oder besser, wie wenig – Ingwer als frische Knolle kostet, so ist der völlig überzogene Preis auf keinen Fall gerechtfertigt. Man kauft sich damit nichts anderes als Fruchtsaft zum 50-fachen Preis.

Mit Ingwershots wird außerdem leider eine riesige Menge Einwegmüll produziert. Die meisten gibt es mit 60 Milliliter Inhalt zu kaufen. Ein Hersteller bietet sogar die 30-Milliliter-Variante an. Häufig gibt es sie in Kunststoffflaschen, teils in der Dose oder im Glas. Alles Einweg ohne Pfand.

MACHEN ODER LASSEN?

Mein unerschütterliches Urteil: LASSEN! Oder wie es die Verbraucherzentrale Schleswig-Holstein formulierte: »Überteuert, überzuckert und überschätzt.« Die Verbraucherschützer empfehlen, wir sollten diese Power Drinks lieber selbst zubereiten, das sei gesünder, viel billiger und enthielte auch keine unerwünschten Zusatzstoffe.«[28]

Zusatztipp: Ingwer wird zum größten Teil aus Asien importiert. Als heimisches Pendant mit derselben gesunden Wirkweise gibt es den Meerrettich. Die enthaltenen Senföle wirken ebenfalls gut gegen Viren und Bakterien. Im Vergleich zum Ingwer hat Meerrettich zusätzlich noch eine super Klimabilanz.

KÖNNEN TRINKMAHLZEITEN EINE AUSGEWOGENE ERNÄHRUNG ERSETZEN?

Auch wieder so ein Instagram- und TikTok-Trend: Trinkmahlzeiten. Die sind da gerade hoch im Kurs. Mit vielen guten Argumenten und voller Überzeugung werben Influencer für die Produkte. Das kollektive Schwärmen dafür hinterlässt bei mir allerdings einige Fragezeichen. Deswegen schaue ich mir die Trinkmahlzeiten genauer an.

Die Hersteller werben damit, dass eine Portion prima eine komplette Mahlzeit ersetzen könne. Bei meiner Recherche stieß ich gleich zu Anfang bei einer Hersteller-Website auf folgende Sätze:

»Unser Produkt ist die Ernährung von morgen. Ausgewogen, vollwertig, lecker und nachhaltig. Passt zu jedem Lifestyle, auch zu Deinem.« Klingt hip und selbstbewusst. Trifft mitunter auch den Nerv der Zeit. Alle stehen unter Strom, keine Zeit für nichts. Deckel auf, austrinken und der Organismus hat damit alles, was er braucht. Doch wie viel von dem Marketing-Sprech ist wahr?

WAS STECKT HINTER DEN TRINKMAHLZEITEN UND WAS IST DRIN?

Die Hersteller erklären, dass in den Trinkmahlzeiten sämtliche wichtigen Nährstoffe enthalten sind, die wir ansonsten mit einer Mahlzeit zu uns nehmen würden, also wertvolle Kohlenhydrate, gute Fette, lebensnotwendiges Eiweiß sowie diverse Vitamine und Mineralstoffe. Grundsätzlich ist diese Idee nicht neu. Im medizinischen Bereich gibt es zum Beispiel seit vielen Jahrzehnten die Astronautenkost. Wenn Menschen aus gesundheitlichen Gründen nicht oder zu wenig essen können, bekommen sie ersatzweise Trinknahrung. Und in solchen Fällen ist das auch wichtig.

Ein Blick auf die Zutatenliste eines der trendigen Trinknahrungsprodukte treibt mir beinahe Schweißperlen auf die Stirn vor Anstrengung – und auch vor Schreck. Weil sie so lang ist! 13 Zutaten sowie eine Vitamin- und Mineralstoffzubereitung aus nochmal über 20 einzelnen Substanzen. Da steht:

»Wasser, Erbsenprotein, Tapioka-Maltodextrin, Rapsöl, glutenfreies Hafermehl, gemahlene Leinsamen, natürliche Aromen, mittelkettige Triglyceride in Pulverform (aus Kokosnuss), wasserlösliche Ballaststoffe aus Mais, Vitamin- und Mineralstoff-Zubereitung*, Kokoszucker, Hanfsamenproteinpulver, Emulgator: Sonnenblumenlecithin, Süßungsmittel: Steviolglycoside, Verdickungsmittel: Gellan

*Vitamin- und Mineralstoff-Zubereitung: (Kaliumcitrat, Kaliumchlorid, Calciumcarbonat, Maltodextrin, Vitamin C (als L-Ascorbinsäure), Magnesiumphosphat, Magnesiumcitrat, L-Cholinbitartrat, Vitamin K2 (als Menachinon-7), Vitamin E (als D-Alpha-Tocopherylacetat), Vitamin A (als Retinylacetat), Niacin (als Niacinamid), Vitamin D2, Vitamin B12 (als Cyanocobalamin), Pantothensäure (als Calcium-D-Pantothenat), D-Biotin, Kupfergluconat, Zinkoxid, Vitamin B6 (als Pyridoxinhydrochlorid), Kaliumiodid, Riboflavin, Thiaminmononitrat, Calcium-L-Methylfolat, Chrompicolinat.«

Zumindest sieht es auf den ersten Blick nicht nach kritischen Inhaltsstoffen aus. Ausgenommen die natürlichen Aromen, deren Fan ich nicht bin. Da der Platzhirsch unter den Anbietern von Trinkmahlzeiten mit 175 gesundheitlichen Vorteilen wirbt, suche ich bei unabhängigen Stellen nach Bestätigung dessen. Welche sollen das sein?

WAS SPRICHT FÜR TRINKMAHLZEITEN UND WAS DAGEGEN?

Ein paar Pros habe ich dann auch gefunden: Trinkmahlzeiten sind zumindest gesünder als Fast Food, sie sind schnell resorbierbar und sparen Zeit beim Kochen. Und es gibt sie als vegane Variante. Durch das handliche Taschenformat kann man sie überall hin mitnehmen, so auch zur Arbeit oder auf Reisen. Lange haltbar sind sie ebenso.

Was mich ebenso beruhigt: Der Nährstoffmix aus Kohlenhydraten, Eiweiß, Fetten, Vitaminen und Mineralstoffen ist gut abgestimmt, denn dieser unterliegt der hierzulande einzuhaltenden Diätverordnung. Sie schreibt vor, in welchem Mix die einzelnen Nährstoffe zusammengestellt sein müssen.

Auf der Kontra-Seite kommt allerdings auch einiges zusammen. Kauen ist für den Verdauungsapparat wichtig. Kauen wir nicht, produzieren wir zu wenig Speichel, das verändert die Mundflora. Kauen fördert zudem die Durchblutung im Kopf. Zweites Problem: Synthetische, also isolierte, industriell hergestellte Vitamine können vom Körper schlechter verwertet werden. Die natürlich vorkommenden Vitamine und Mineralstoffe sind viel leichter und auch vollständiger zu verstoffwechseln. Weitere Bestandteile in Pflanzen – sei es in Hülsenfrüchten oder Nüssen, in Getreide, Obst oder Gemüse – haben im Zusammenspiel mit den Vitaminen einen positiven Gesundheitseffekt, zum

Beispiel die sekundären Pflanzenstoffe. Das kann man nicht mal ebenchemisch nachbauen. Auch ist mit Trinkmahlzeiten schnell versehentlich an Vitaminen oder Mineralstoffen überdosiert, wenn, etwa wenn diese Nährgetränke zu häufig konsumiert werden. Und einmal mehr: Der durch Trinkmahlzeiten verursachte Plastikmüll ist enorm. Teuer sind die Flaschen und Pulver ebenso – im Vergleich zu selbst gekochten Mahlzeiten. 500 Milliliter kosten im Durchschnitt 4 Euro.

MACHEN ODER LASSEN?

LASSEN! Trinkmahlzeiten sind als dauerhafter Mahlzeitenersatz überhaupt nicht geeignet, denn das kann gesundheitlichen Schaden anrichten.

Kapitel 2
KÖRPER UND GESUNDHEIT

Wir machen ungefähr 20 000 Atemzüge pro Stunde. In derselben Zeit schlägt das Herz 4200 Mal. Unsere Augen sind in der Lage, sagenhafte 2,3 Millionen Farbtöne voneinander zu unterscheiden.

Unser Körper ist ein erstaunliches Meisterwerk, dabei bekommen wir von seinen größten Leistungen gar nichts mit, da sie ganz automatisch ablaufen. Laut dem Bericht eines privaten Krankenversicherers vom April 2023 liegen die Gesundheitsausgaben – beim wahren Nahmen genannt: Krankheitsleistungen – hierzulande trotz dieser Meisterleistung unseres Körpers bei immerhin 11,7 Prozent des Bruttoinlandprodukts[1]. Damit sind wir in Sachen Ausgaben, um Gesundheit zu erhalten bzw. wiederzuerlangen, zwar Spitzenreiter im Vergleich aller EU-Mitgliedstaaten, im vergleichenden Gesundheitsranking jedoch schaffen wir es nur auf Platz 18. Das gibt schon zu denken.

Das eigene Verhalten, unser persönlicher Lebenswandel gehören – trotz aller Ausgaben für unsere Gesundheit – immer noch zu den Hauptrisikofaktoren bei der Entstehung vieler Erkrankungen. Grund genug, uns in diesem Kapitel einmal eingehend mit unserem Körper und unserer Gesundheit zu beschäftigen. Dass zumindest schon mal deutlich über die Hälfte der Menschen in unserem Land Sport treiben, ist immerhin ein Lichtblick.

Doch was können wir insgesamt alles tun, damit wir unsere Gesundheit fördern, anstatt uns selbst zu schaden? Dürfen wir dabei auf die Versprechen der Hersteller vertrauen, die mit unzähligen Produkten zum Erhalt der Gesundheit beitragen wollen? Außerdem räume ich auf mit so manchem Mythos, der sich am Ende eher als Farce entpuppt.

WAS BRINGEN FITNESS-FLATRATES?

Spätestens zwei Tage nach Weihnachten wird die Entscheidung gefällt: »Ich muss abnehmen!« Zu viele Plätzchen genascht, Omas Gänsebraten überdimensional genossen und als einzige Bewegung das Verwandtschafts-Hopping zelebriert. Sport wäre also mal wieder gut. Umso mehr, wo das neue Jahr vor der Tür steht und Vorsätze Hochsaison haben.

Ich habe den einsamen Fitness-Kampf längst aufgegeben. Der Sixpack will einfach nicht ran an meinen Körper. Und so engagierte ich vor einigen Jahren sogar einen Personal Trainer. Ein teures Vergnügen, jedoch ausgesprochen wirksam gegen meinen inneren Schweinehund, der von sich aus wenig sportliche Ambitionen zeigt. Neben dieser Highend-Lösung gibt es natürlich auch noch andere Möglichkeiten: Gruppensport in allen Facetten, Sportvereine, Fitnessstudios, Schwimmbäder, digitale Sportkurse, Joggen gehen? Oder eben die Fitness-Flatrate …

WAS IST EINE FITNESS-FLATRATE?

Jederzeit Sport machen können – wo Sie wollen, was Sie wollen, wie Sie wollen. Das verheißt die Fitness-Flatrate. Sie sind an kein einzelnes Studio gebunden, auch nicht an eine bestimmte Fitnessstudio-Kette und somit auch an kein spezielles Sportangebot. In den Flatrates steckt von »so lala« bis »alles ist möglich« mal mehr oder weniger drin. Das ist stark abhängig vom jeweiligen Paket.

- **Beispiel Standard-Paket (ab ca. 29 Euro pro Monat):** Beim Standardpaket sind meist nur die einfachen Fitnessstudio-Ketten inklusive. Hier handelt es sich um Studios, die oft lediglich über einen Cardio- und Freihantelbereich verfügen. Teilweise gibt es auch täglich stattfindende Kurse, an denen Kunden mit dem Standardpaket teilnehmen dürfen. Höherwertige Studios mit mehr Service wie zum Beispiel Pool und Sauna sind hier eher nicht enthalten.
- **Beispiel »Das volle Programm« (100 bis 150 Euro pro Monat):** Bei diesem Paket gibt's deutlich mehr als nur den Standard. Die Studios sind meist in den besseren Lagen zu finden und verfügen über eine hochwertige, moderne Ausstattung. Oft sind zusätzliche Wellness-Angebote wie Swimmingpool, Dampfbad und/oder Sauna im Preis enthalten. Weitere Leistungen wie Massagen sind zubuchbar. Quasi das absolute Premium-Paket.

Im Vergleich: Eine einzelne Mitgliedschaft im Fitnessstudio liegt bei durchschnittlich 25 bis 65 Euro pro Monat. Je nachdem ob personalloses Mikrostudio, Ketten- oder Einzelbetrieb.

RÜCKBLICK: WO KOMMT'S HER?

Man könnte darauf kommen, wenn man an Schwarzenegger und den Muscle Beach denkt: aus den USA. Und tatsächlich findet sich der Ursprung der Fitnessstudios über dem großen Teich im Land der grenzenlosen Möglichkeiten. Ich kam zufällig drauf, als ich vor vielen Jahren im Teleshopping einen Typen sah, der einen Entsafter angepriesen hatte. Er versprach, wenn ich jeden Tag Saft aus seinem Entsafter »Jack LaLanne Power-juicer« trinke, würde ich irgendwann so fit sein wie er. Er sah für sein Alter extrem fit aus! Also kaufte ich das Ding. Mein natürlicher Hang zur Neugier führte mich danach ins Netz, um seinen Namen zu recherchieren. Dabei fand ich heraus, dass der Entsaf-ter nicht alles war, was Mister LaLanne Cooles zu bieten hatte: Jahrzehnte zuvor hatte er den Grundstein für die Fitnessstudios dieser Welt gelegt. Er eröffnete in 1936 das allererste in den USA. Weitere 80 folgten unverzüglich. Deutschland hinkte diesen Entwicklungen aus bekannten Gründen hinterher. Erst 1955 konnten die Bürger der Bundesrepublik ihre Kräfte in einem Fitnessstudio messen. Wo? Im schönen Schwein-furt, und das nicht von ungefähr: Die unterfränkische Stadt gehörte nach dem zweiten Weltkrieg jahrzehntelang zu größten US-Heeresstandorten in Europa. So viel zur Ge-schichte, nun zurück zu unserer Frage.

WAS SPRICHT FÜR EINE FITNESS-FLATRATE UND WAS DAGEGEN?

Dazu klären wir zunächst, was die Flatrate von den klassischen Mitgliedschaften im Fitnessstudio unterscheidet. Hier winken bereits zwei entscheidende Vorteile:

1. Das Angebot ist oft sehr viel größer, weil Sie als Kundin/Kunde mit einem ent-sprechenden Angebot verschiedene Studios und Angebote nutzen können. Neben reinem Fitnesstraining stehen so – je nach Paket – auch noch Wellness-Angebote, spezielle Trainingsmethoden wie z. B. das Training mittels Elektrostimulation der Muskeln (EMS-Training) und teilweise die Betreuung durch einen Personaltrainer zur Verfügung
2. Die Kündigungsfristen betragen häufig nur einen Monat, während die klassischen Studioverträge überwiegend eine (lange) Mindestlaufzeit haben und sich dann auch noch automatisch verlängern, wenn Sie nicht rechtzeitig an die Kündigung den-ken. Als Verbraucherschützer freue ich mich daher über die Gesetzesänderung aus

dem Jahr 2022 zugunsten der Verbraucher: Nach Ablauf der Mindestlaufzeit dürfen solche Verträge nur noch unbefristet verlängert werden – mit einer monatlichen Kündigungsfrist!

MACHEN ODER LASSEN?

Sport ist gesund, hält fit und das Sixpack freut sich auch. Daher von mir ein klares MACHEN für Sport allgemein und für die Fitness-Flatrates ebenso. Jedoch sollten Sie genau hinschauen und nachrechnen. Welches Paket brauchen Sie wirklich? Tut es eventuell das etwas Kleinere? Welche Taktung macht Sinn?

Für Menschen mit bockigem Schweinehund ist die Fitness-Flatrate außerdem auch deshalb aus finanzieller Sicht eine gute Lösung, da kurzfristig kündbar – für den Fall, dass der Schweinehund wider Erwarten doch mal wieder als Sieger aus dem Duell Menschen gegen Hund hervorgeht.

DEO-ALTERNATIVEN: WAS HILFT GEGEN SCHWEISSGERUCH?

Menschen ziehen sich gegenseitig nachweislich durch den betörenden Duft des Immunsystems an. Folglich riecht mein Mann für mich äußerst reizvoll – und umgekehrt. Das kann ich von so manchem Mitmenschen nicht behaupten, etwa wenn ich in der vollen S-Bahn mit vielen schwitzenden Achselhöhlen sitze. In dem Augenblick schießen mir unmittelbar zwei Gedanken durch den Kopf: »Wie komme ich hier schnellstmöglich wieder raus?« und »Hoffentlich rieche ich nicht genauso!« Man kann ja nie wissen, ob das eigene Deo wirklich hält, was es verspricht. Zumal es gar nicht so einfach ist, den Überblick zu behalten bei den Unmengen der dargebotenen Sticks, Rollern, Cremes und Sprays.

Spontan erinnere ich mich an eine TV-Sendung, die ich vor einigen Monaten gesehen habe. Ein Start-up stellte darin seinen neuartigen Deo-Stick vor. Alles im und am Stick reinste Natur – ohne jegliche Chemie. Noch während die TV-Show lief, bestellte ich den Stick und war im Nachhinein echt enttäuscht. Die Masse bröckelte und die Anwendung war ungewohnt. Grund genug, mich schnellstens näher in der Welt der Deo-Präparate umzuschauen.

WAS IST DER UNTERSCHIED ZWISCHEN ANTITRANSPIRANT UND DEO?

Der Begriff Deo hat sich längst in unseren Köpfen manifestiert. Wir sagen immer Deo, auch wenn ein Antitranspirant gemeint ist. Dabei gibt es hier durchaus einige Unterschiede:

- **Antitranspirant:** Wird es aufgetragen, verschließt es die Poren. Kein Schweißtropfen gelangt danach mehr nach außen, da der Durchgang zu ist. Viele Produkte sind mit einem leichten Duft angereicht, denn die Basis-Inhaltsstoffe in einem Antitranspirant sind geruchlos.
- **Deodorant (Desodorant), Abkürzung Deo:** Der Begriff kommt aus dem Lateinischen und heißt übersetzt »Entriecher«. Wie aber stellt das Deo das Entriechen genau an? Da gibt es zwei Möglichkeiten: Entweder, das Deo mischt sich mitten ins Schweiß-Bakterien-Gemenge oder es übertüncht den Geruch einfach.

DEOS: GUT GEGEN GERUCH – SCHLECHT FÜR DIE GESUNDHEIT

Beim Wort Deo klingelt es vielleicht bei Ihnen. Es kam schon vor Jahren gehörig in Verruf wegen der teils enthaltenen Aluminiumsalze. Die finden sich allerdings vermehrt in den Antitranspiranten, da sie die Schweißproduktion hemmen. Es wurde damals über Nieren- und Knochenschäden, Brustkrebs und Alzheimer diskutiert, für die Aluminiumsalze als auslösender Faktor verantwortlich sein sollen. Das Bundesinstitut für Risikobewertung (BfR) untersuchte das daraufhin sehr genau und fand keine Beweise. Die Untersuchungen zeigten, dass Aluminium über Deos/Antitranspirante nur in geringsten Mengen aufgenommen wird. Das fällt so gut wie nicht ins Gewicht.[2]

Die Europäische Behörde für Lebensmittelsicherheit (EFSA) hat 1 Milligramm Aluminium je Kilogramm Körpergewicht als maximal tolerierbare Aufnahmemenge pro Woche festgelegt. Das BfR geht davon aus, dass der Großteil der Bevölkerung über Lebensmittel bereits wöchentlich etwa 0,5 Milligramm pro Kilogramm Körpergewicht aufnimmt.[3]

BRAUCHT ES DIE NATÜRLICHEN DEO-ALTERNATIVEN ALSO DOCH NICHT, DA UNSERE DEOS VOLLKOMMEN SICHER SIND?

Abgesehen von den Aluminiumsalzen gibt es ein ganzes Sammelsurium an chemischen Substanzen, die ihren Weg ins Deo letztlich auch in unseren Körper finden. Und die sind oft ungesund. Hier geht es zum Beispiel um synthetische Duftstoffe, Emulgatoren, antibakterielle Wirkstoffe, die Auswirkungen auf unser Hormonsystem haben u. v. a. m. Emulgatoren sind die Zauberer in der Chemieküche. Sie sorgen dafür, dass sich Stoffe miteinander verbinden, die sich ansonsten spinnefeind sind – ausgeschrieben bedeutet das die Vermählung von fetthaltigen/fettliebenden und wasserhaltigen/wasserliebenden Substanzen. Außer dieser grandiosen Zauberei im Produkt selbst zaubern sie gleichzeitig unsere Haut durchlässiger. So gelangen pflegende Substanzen, aber auch Schadstoffe wesentlich leichter in unseren Körper.

UND WIE SEHEN NUN DIE NATÜRLICHEN ALTERNATIVEN ZU DEOS UND ANTITRANSPIRANTEN AUS?

- **Beispiel Teebaumöl:** Es soll Geruchsbildung vorbeugen, muss dafür aber mehrmals am Tag aufgetragen werden. Am besten verdünnt mit einigen Tropfen eines anderen, neutralen Trägeröls. Wird es unverdünnt auf die Haut aufgetragen besteht die Gefahr, Reizungen auszulösen. Bei empfindlichen Menschen könnte es auch zu allergischen Reaktionen kommen.

- **Beispiel Apfelessig:** Essig mag aufgrund seines Geruchs nicht jedermanns Sache sein, ist jedoch ein vielseitiges Hausmittel und soll unter anderem auch eine schweißhemmende Wirkung haben. Er lässt die Poren zusammenziehen und hemmt damit die Aktivität der Schweißdrüsen. Sie sollten ihn nur nicht auf frisch rasierte Achseln auftragen, das endet in einem brennenden Fiasko.
- **Beispiel Salbei:** Salbei ist ein uraltes Hausmittel gegen Schweißbildung. Salbeitee wirkt von innen sowie aufgetragen in die Achselhöhlen von außen.
- **Beispiel Natron:** Natron ist Meister darin, Schweiß aufzunehmen. Eine Mischung aus Speisestärke, Kokosöl und Natron wäre beispielsweise ein simples Creme-Deo, das man zu Hause selbst herstellen kann.

WAS SPRICHT FÜR DEO-ALTERNATIVEN UND WAS DAGEGEN?

Kalkulieren Sie bei der Umstellung auf alternative Schweißkiller gern ein bisschen Zeit ein. Bei mir dauerte es drei Wochen, bis mein Körper sich auf die neuen Bedingungen eingestellt hatte. Während dieser Zeit habe ich geschwitzt wie ein Bär. Seitdem aber bin ich happy mit meiner natürlichen Deo-Alternative. Dieser Stick ist zwar in der Anwendung etwas gewöhnungsbedürftig, da die Masse leicht bröckelt. Das ist in der täglichen Anwendung etwas nervig. Aber der Deo-Stick erfüllt seinen Zweck. Ansonsten gibt es nur Argumente dafür, da die Deo-Alternativen rein natürlich, einfach anzuwenden sind und nicht viel kosten.

MACHEN ODER LASSEN?

Bitte unbedingt MACHEN! Wenn Sie dennoch weiterhin bei den konventionellen Produkten bleiben möchten, denken Sie an die kostenlose ToxFox-App des BUND. Damit einfach die Barcodes der Produkte abscannen und vor Kauf genau checken, was im Deo an Gutem (oder Schlechtem) drinsteckt.

SIND WECHSELDUSCHEN EIN BOOSTER FÜR DIE GESUNDHEIT?

In den 90ern machte ich meine erste nachhaltige Erfahrung mit Wechselduschen. Wobei es gar keine echte Wechseldusche war; ich hatte schlicht kein warmes Wasser. Ich wohnte in einem typischen unsanierten Altbau am Prenzlauer Berg – mit Ofenheizung und Warmwasser-Boiler. Und der hatte nun kurz vor Weihnachten den Geist aufgegeben. Ich musste kalt duschen. Und ich habe es gehasst, auch wenn die typischen Wechselduschen »kalt – warm« gesund sein sollen. Seitdem gehe ich kaltem Wasser aus dem Weg. Ich brauche das warme Nass, denn ich bin eindeutig ein Warmduscher. Jedoch sollen Wechselduschen das Immunsystem ankurbeln. Bei Millionen von kranken Menschen in den Herbst-Winter-Monaten können wir alle nicht genug Immunsystem-Booster abbekommen.

Wenn's mich mit einer Erkältung erwischt, mache ich immer das, was Oma früher sagte: Ab ins Bett, ausruhen, viel schlafen, Hühnersuppe essen. Das einzige Medikament, auf das meine Großmutter dabei schwor, war diese Eukalyptussalbe, die ich großzügig auf der Brust verteilt bekam. Ich kann mich an den Geruch noch heute erinnern.

Damit es gar nicht erst soweit kommt, beschäftigen wir uns nun mit den Wechselduschen. Und die sollen nicht nur dem Immunsystem Beine machen, sondern auch bei vielen anderen Beschwerden wie Kopfschmerzen, niedrigem Blutdruck oder Erschöpfung helfen. Ich habe dazu natürlich wieder recherchiert.

WIE WIRKEN WECHSELDUSCHEN?

Durch den Wechsel von warm und kalt bekommen unsere Blutgefäße einen Tritt in den Hintern. Erst weiten sie sich, dann verengen sie sich wieder. Zum Dank spülen sie gleich einige Schadstoffe aus uns heraus. Diese Information ist mir jedoch viel zu allgemein und erklärt immer noch nicht, warum das Immunsystem davon profitieren soll. Ich bin also tiefer in die digitalen Informationen abgetaucht und fand auf diversen Medizinseiten endlich Antworten.

Sind wir krank, ist die Blutzirkulation in den kleinen Blutgefäßen (Kapillaren) gestört. Was macht die Wechseldusche? Sie schaltet in puncto Blutzirkulation den Turbo ein. Die wird damit angekurbelt wie noch was. Und das tut den auch den ganz kleinen Blutgefäßen (Kapillaren) ganz gut, da sie teils sehr unter unserem Lebenswandel zu leiden haben. Stress, Übergewicht, Zigarettenkonsum sind beispielsweise deren Staatsfeinde. Das führt dazu, dass die kleinen Blutgefäße genervt sind und viel weniger arbeiten, als sie eigentlich sollten. In der Folge kommen zu wenig Nährstoffe und Sauerstoff an die Stellen, wie es von Mutter Natur gedacht ist – also bis hin zu allen unseren Organen und natürlich auch der Haut. Mit dem Wechselduschen-Turbo kommen die Kapillaren auf Zack und alles läuft wieder vorbildlich ab. Eine wissenschaftliche Studie über die Wirksamkeit habe ich allerdings nicht gefunden.

RÜCKBLICK: WER HAT'S ERFUNDEN?

Diesen Herrn kennen Sie wahrscheinlich: Pfarrer Sebastian Kneipp. Er hat über 100 Wasseranwendungen ausbaldowert (Güsse, Wickel, Bäder, Waschungen). Mit ihnen soll die Reizfunktion und auch die Heilkraft des Elements Wasser durch Temperatur, Druck oder die chemische Zusammensetzung des Wassers genutzt werden, damit der Körper darauf reagiert. Für die Wechselduschen empfahl Kneipp, mit einer warmen Dusche zu starten. Dann erst geht's richtig los. Angefangen bei den Füßen/Beinen und natürlich mit kaltem Wasser. Von unten nach oben und wieder runter. Dasselbe mit den Armen. Am Ende Brust, Bauch, Nacken. Wechselduschen können jeden Tag durchgeführt werden und wenn besondere Energieschübe nötig sind, sogar mehrmals.

WAS SPRICHT FÜR DAS WECHSELDUSCHEN UND WAS DAGEGEN?

Ich finde keine Argumente gegen das Wechselduschen. Ganz im Gegenteil: Mal ganz abgesehen von dem Adrenalinkick, den das kalte Wasser auslöst, einige Studien sagen, dass regelmäßiges kaltes Duschen Erkältungskrankheiten vorbeugen kann. Das wurde beispielsweise mit 3000 Probanden in den Niederlanden untersucht[4].

Allerdings: Bei bereits bestehendem, auch leichtem, Fieber oder einer Erkältung lassen Sie besser die Finger vom Turboknöpfchen Wechseldusche. Der Körper hat dann schon genug damit zu tun, mit der Erkrankung fertig zu werden.

MACHEN ODER LASSEN?

Eindeutig MACHEN, es spricht nichts dagegen. Allerdings immer schön an den Füßen/Beinen beginnen, dann mit den Armen weitermachen – immer von rumpffern zu rumpfnah – und erst danach in Richtung Körpermitte voranschreiten. Wie es sich anfühlt, wenn man es andersherum macht, da kann ich nach meiner Erfahrung mit dem defekten Warm-Wasser-Boiler sehr gut mitreden. Mein Körper erinnert sich noch heute an den Schock, als wäre es gestern gewesen.

BARFUSSSCHUHE

Schon wieder geht meine Fantasie mit mir durch. Wenn ich
an das Wort Barfußschuhe denke, schwirren mir unweigerlich lustige
Bilder durch den Kopf. Ich sehe sofort Alt-Hippies vor mir, völlig aus der
Zeit gefallen, an den Füßen ein Hauch von alternativem Nichts.
Natürlich entspricht das nicht der Wahrheit. Mein Kopf und ich
haben daher die Vereinbarung getroffen, dass wir gemeinschaftlich
unvoreingenommen an das Thema herangehen werden.
Wie gut sind Barfußschuhe? Ich gehe der Sache auf den Grund.

WAS SIND BARFUSSSCHUHE?

Obwohl sie Barfußschuhe heißen, haben sie eine Sohle. Die ist allerdings extrem dünn und auf eine Weise geformt, dass wir das Gefühl haben, wir würden mit unseren Füßen direkt den Boden berühren. Der Name ist im Grunde ein Widerspruch, da »barfuß« und »Schuhe« jeweils das Gegenteil bedeuten. Was jetzt? Schuhe oder barfuß laufen? Die Hersteller haben diesen Begriff bewusst gewählt, da sie die Grenzen beider Dinge vermischen möchten: Menschen tragen zwar Schuhe, laufen darin aber, als würden sie barfuß gehen. Eine Abwandlung dessen sind die so genannten Zehenschuhe. Die sehen aus wie Fingerhandschuhe für die Füße. Sie umschließen Fuß und Zehen zum Schutz vor Verletzungen, behindern aber nicht den natürlichen Bewegungsablauf beim Gehen und Laufen. Eine weitere Variante sind die Sockenschuhe. Sie heißen deswegen so, da sie tatsächlich aussehen wie Socken.

Allen Barfußschuhen wird nachgesagt, dass sie ein besseres Fußgefühl vermitteln würden als normale Schuhe und damit gleichzeitig einen extrem positiven Effekt auf die Gesundheit ausüben.

Normale Schuhe engen den Fuß ein. Die Zehen und häufig auch der gesamte Fuß sind vielfach dermaßen in den Schuh gequetscht, dass das vielteilige Fußskelett mit seinen unzähligen Muskeln und Sehnen die ursprünglich gedachte Funktion der Stabilisierung beim aufrechten Laufen gar nicht mehr ausüben kann. Der Abstand zwischen Fußsohle und Boden ist einer dicken und oftmals auch sehr steifen Sohle außerdem viel zu groß. Auch das Tragen von Schuhen mit hohen Absätzen sorgt für immer mehr Probleme. Der entscheidende Aspekt beim natürlichen Gehen ist aber, dass die Füße direkt den Boden berühren können. Das ist in Schuhen nicht mehr gegeben. Ob wir nun über

Kieselsteine oder anderes laufen – in Schuhe verpackt, spüren wir nicht mehr sehr viel davon. Bei den Barfußschuhen ist das anders. Wir gehen mit ihnen deswegen auch viel natürlicher. Ursprünglich waren Barfußschuhe zum Laufen oder Joggen gedacht. Sie können jedoch auch außerhalb dessen im Alltag getragen werden.

WAS SPRICHT FÜR EINEN BARFUẞSCHUH UND WAS DAGEGEN?

Der Grundsatzgedanke des Barfußschuhs klingt zunächst sehr gesund. Was spricht ansonsten dafür? Forscher verschiedener Universitäten haben sich bereits mit dem Thema beschäftigt – unter anderem Experten der Uni Jena, Johannesburg und Oslo. Zusammengefasst kamen sie unabhängig voneinander zu diesem Ergebnis: Barfußschuhe sind eine gute Übergangsoption vom normalen Schuh zum Barfußlaufen. So können sich Fuß und Körper (wieder) an die ursprüngliche Gangart gewöhnen. Dadurch werden u. a. die Fußnerven stimuliert. Das hat verschiedene positive Wirkungen auf den gesamten Körper. So nehmen wir unsere Füße aktiver wahr, der Körper passt seinen Bewegungsablauf an, was am Ende eine positive Wirkung auf unseren gesamten Bewegungsapparat hat.

Eine Untersuchung der Uni in Johannesburg zeigte auf, dass die meisten Fußprobleme durch das Tragen von Schuhen entstehen. Das passiert nicht nur mit High Heels, sondern mit unserem ganz normalen Schuhwerk. Das Tragen von Barfußschuhen wird von den Wissenschaftlern daher eindrücklich empfohlen. Es trainiert die Fußmuskeln und stärkt die Sehnen, entlastet Knochen sowie Gelenke, bis weit hinauf in den Rücken und kräftigt die Bein- und sogar die Rumpfmuskulatur. Alles gut also? Nicht ganz!

In Großstädten wie Berlin kann das Tragen von Barfußschuhen auch gefährlich sein. Ich weiß, was damit gemeint ist, denn ich habe den Großteil meines Lebens in Berlin verbracht. Scherben auf der Straße, spitze Steine und anderes. Dem hält die dünne Sohle nicht stand. Das heißt nicht, dass die Gegenstände sich bis zum blanken Fuß vorarbeiten könnten. Die Schuhe sind so konstruiert, dass das nicht passiert. Jedoch spürt man die Scherben trotzdem sehr deutlich. Im Winter indes kommen die Minusgrade direkt am Fuß an. Und noch etwas: Wer vom normalen Schuh zum Barfußschuh übergeht, darf sich zunächst auf Muskelkater einstellen. Bis man sich an den natürlichen Gang gewöhnt hat, ist ferner das Verletzungsrisiko recht hoch, da die Schuhe keinerlei Halt geben. Zehen und Achillessehnen werden außerdem stärker belastet.

MACHEN ODER LASSEN?

Am Ende spricht doch einiges mehr für die Barfußschuhe als dagegen. MACHEN! Sie sorgen dafür, dass sich der Fuß wieder normal bewegen kann. Barfußschuhe mögen vielleicht nicht in jede Lebenslage passen, aber als Option könnten sie wichtiger Teil der Schuhsammlung werden.

NATURKOSMETIK – GUT FÜR MICH?

Hier und da sehen wir eine Aloe Vera auf der Verpackung abgebildet. Dazu finden sich Worte »zu 98 % natürlichen Ursprungs«, »sensitiv«, »biologisch«, »natürlich« oder »vegan«. Und schon schweben wir im siebten Himmel der natürlichen Inhaltsstoffe. Schön wär's! Von der saftigen Aloe Vera sind meist nur winzige Spuren enthalten, die selbst die Mikroskope in den Laboren kaum mehr identifizieren können.

Wieso also täuschen uns die Hersteller dermaßen gnadenlos? Ganz einfach: Weil sie's dürfen! Seitdem im TV immer öfter zu sehen ist, welche Auswirkungen die Inhaltsstoffe unserer Kosmetik auf unsere Ökosysteme haben, ist die Bevölkerung sensibilisiert. Die Kosmetikhersteller bekamen davon Wind und dachten sich: »Zum Henker, was machen wir jetzt? Die Menschen sind plötzlich so naturbewusst. Also tun wir so, als wären wir es auch.« Die Gesetzeslage unterstützt den Schwindel, mit dem die Hersteller Naturkosmetikprodukte vorgaukeln können, in denen weiterhin dieselbe chemische Keule steckt wie eh und je. Ist den Unternehmen natürlich recht, da viel billiger in der Herstellung. Und macht sich extrem gut in der Werbung. Eine höchst lukrative Kombi. Leider nicht für uns Verbraucher und die Umwelt – wir sind die Leidtragenden dieser Täuschung. Da könnte ich als Verbraucherschützer die Wände hochgehen. Entsprechend halte ich mich häufig in den Gängen des Drogeriemarktes auf und lasse meine Augen über das Warenangebot streifen. Dessen Vielfalt ist in den vergangenen Jahren explodiert.

Mit welchen Tricks ziehen uns die Hersteller wohl bei der Naturkosmetik über den Tisch? Ich habe dazu haargenau recherchiert.

ALLES GANZ NATÜRLICH?

Die Läden sind voll von scheinbaren Natur- und Bio-Produkten: Gesichtscremes, Abschminktücher, Shampoos, Duschgels, Bodylotion und vieles mehr. Diese können allerdings mehr Schaden anrichten, als Nutzen bringen. Denn nicht überall, wo »Natur« draufsteht, ist sie auch drin. Ich würde sogar sagen, je mehr ein Produkt von außen mit »natürlich« beworben wird, umso weniger trifft es wahrscheinlich zu. Das erkläre ich meinem Gehirn jedes Mal von Neuem, wenn es Honig, Pflanzen oder Früchte auf den Tuben, Tiegeln und Plastikflaschen sieht. Sofort läuft bei diesen schönen Bildern der passende Film dazu ab, weil das Gehirn leicht zu verführen ist. Und schon liegt das Produkt im Einkaufskorb. Die Verkaufszahlen bei Naturkosmetikprodukten sprechen für sich: Der Umsatz hat sich in den letzten zehn Jahren fast verdoppelt![5] 2012 wurden deutschlandweit 860 Millionen Euro umgesetzt, 2021 waren es schon 1,48 Milliarden Euro.

Das Problem dahinter: Leider sind Begriffe wie »Naturkosmetik« oder »Bio-Kosmetik« nicht geschützt. Jeder kann auf seine Verpackungen schreiben, was er will.

WAS SPRICHT FÜR NATURKOSMETIK UND WAS DAGEGEN?

Ich kann keine Argumente finden, die dagegen sprechen. Außer dem generellen Hinweis, dass Naturkosmetik natürlich auch Allergien auslösen kann, ebenso wie konventionelle Produkte. Bevor sie neue Produkte großflächig auf Haut und Haar verteilen, lieber erst an einer kleinen Stelle testen. Reagieren Sie negativ darauf, machen Sie unbedingt einen Allergietest. So kommen Sie dem allergieauslösenden Stoff auf die Spur und können ihn künftig meiden.

Wenn ich mir vorstelle, wie viele chemische Keulen wir mit herkömmlicher Kosmetik auf unseren Körper aufbringen, kann ich gar nicht laut genug »Pro Naturkosmetik!« rufen. Manche dieser herkömmlichen, von den meisten Verbraucher*innen als unbedenklich angesehenen Stoffe stehen gar im Verdacht, Krebs auszulösen oder unseren Hormonhaushalt zu beeinflussen. Sie dürfen dennoch in unsere Kosmetikprodukte gepanscht werden. Viele Inhaltsstoffe aus konventionellen Produkten belasten also erst uns selbst, im weiteren Verlauf die Umwelt und gelangen schließlich über die Nahrungskette erneut in unsere Körper.

Je schöner die Abbildungen und natürlichen Versprechen auf einer Verpackung sind, umso mehr lohnt sich der Blick auf das Kleingedruckte. Finden Sie dort nachfolgende Inhaltsstoffe aufgelistet, dann lieber Finger weg: Parabene – Silikone – Weichmacher – Aluminiumsalze – Formaldehyd – Benzophenon – Mineralöle, Paraffine, synthetisches Glycerin – Phthalate.

Beispiel: Eine Cremedusche. Als Erstes fällt der große Olivenzweig auf der Verpackung auf. Danach der Hinweis »mit 100 % natürlicher Olive«. Schaut man auf die Inhaltsliste, findet sich irgendwo unter ferner liefen das Wort »Olivenöl«. Sehr viel kann also nicht drin sein von der Olive. Nur 3 von insgesamt 27 Inhaltsstoffen dieses Produkts sind pflanzlichen Ursprungs.

Wenn Sie sicher gehen möchten, dass es sich um geprüfte Naturkosmetik handelt, achten Sie auf ein Gütesiegel. NATRUE ist eines der bekanntesten, gefolgt von ECOCERT oder dem BDIH STANDARD. Nur dann können Sie darauf vertrauen, dass es sich wirklich um ein Naturkosmetik-Produkt handelt.

Übrigens: Falls Sie grundsätzlich und unabhängig der Naturkosmetik checken möchten, ob gefährliche Inhaltsstoffe in einem Produkt enthalten sind, empfehle ich die kostenfreie ToxFox-App des BUND. Einfach den jeweiligen Barcode einscannen. Danach wird sofort angezeigt, ob ein Produkt als gut oder schlecht eingestuft wird.

MACHEN ODER LASSEN?

Für mich gibt es hier nur eines: Die lautstarke Empfehlung für ein MACHEN. Viele Untersuchungen zeigen klar auf, dass zertifizierte Naturkosmetik weder Ihnen noch der Umwelt Schaden zufügt. Eben weil viele chemisch-synthetische Stoffe nicht verwendet werden (dürfen).

WAS TAUGT ANTI-AGING-KOSMETIK?

Ich mag unseren Badezimmerspiegel grundsätzlich
eigentlich sehr. Nur morgens direkt nach dem Aufstehen wird er zu
meinem ärgsten Feind, wenn er mir die schonungslose Wahrheit knallhart
aufzeigt: Ich werde alt! Die Falten um die Augen vermehren sich wie von
Geisterhand. Und falls Sie sich nach dem Lesen dieser Eingangszeilen
fragen sollten: Ja, ich bin eitel.

Zurück zum Thema und dem Anblick meines Spiegelbildes. Wie könnte ich das drastische Voranschreiten meines optischen Alterungsprozesses aufhalten? Ein vorwitziger Gedanke meint, da wäre Hopfen und Malz verloren und es würde nur noch eine OP helfen. Das finde ich ein bisschen zu drastisch. »Gräme dich nicht. Zu was gibt es Anti-Aging-Kosmetik?«, erklärt mir indes mein Mann mit einem verständnisvollen Lächeln. Das ist mir längst hinreichend bekannt. Der Beweis dafür sind die vielen Cremes, Masken, Toner und Gesichtsreiniger, die über ihn regelmäßig ihren Weg von der Drogerie zu uns nach Hause finden. Bei der Auswahl könnten wir locker mit jeder Marken-Filiale mithalten, denn mein Mann will sich dem Kampf gegen das Altern auf keinen Fall wehrlos hingeben.

Die Zahlen zeigen, dass er mit seinem Faible für Anti-Aging-Kosmetik nicht allein ist: Die Deutschen geben Jahr für Jahr immer mehr Geld für Kosmetikprodukte aus. 2022 waren es satte 15,8 Milliarden Euro[6] – vor 30 Jahren gerade mal die Hälfte. Die Werbemaßnahmen der Hersteller sind demzufolge mehr als erfolgreich. Wie aber sieht es aus mit der Wirkung der Produkte? Dazu schaue ich sehr genau hin. Zuerst im Spiegel, danach auf die unverrückbaren faktischen Tatsachen.

WAS PASSIERT MIT UNSERER HAUT, WENN WIR ÄLTER WERDEN?

Es geht schon mit 30 los. Ab diesem Zeitpunkt zeigen sich erste Veränderungen an der Haut. Für jemanden wie mich, der knapp vor dem 50. Lebensjahr steht, eine echte Schocknachricht. Da kann mich auch der Fakt nicht trösten, dass sich die oberste Hautschicht alle 27 Tage brav erneuert. Sogar bei einem Methusalem wie mir! Das Problem liegt in den Hautschichten darunter. Die machen ab 30 mehr und mehr schlapp. Doch es kommt noch schlimmer: Die Zellen, die für Elastizität zuständig sind, lösen sich irgendwann vollkommen in nichts auf. Was das für optische Folgen haben kann, weiß jeder, der schon mal einen runzligen Apfel in der Hand gehalten hat. So sehen wir dann über kurz oder lang auch aus. Nicht nur im Gesicht!

Kollagen ist dabei das Schlagwort schlechthin. Wer also keine Lust hat, wie ein runzliger Apfel zu enden, sollte schauen, dass ihm sein Kollagen nicht so schnell abhanden kommt. Als wäre das nicht genug der schlimmen Tatsachen, verlieren ab 40 auch noch die kleinen Blutgefäße mehr und mehr ihre Funktionsweise. Aus die Maus mit dem frischen, sauerstoffhaltigen Blut, das aufgrund dessen nicht mehr in die Hautzellen gelangen kann. Die Haut reagiert darauf mit einer dünner werdenden Fettschicht und wird zusehends trockener.

Die Kosmetikindustrie sieht hier sehr viel weniger Probleme als ich. Wozu gibt es Kollagen, Hyaluron, Retinol oder Q10? Damit lässt sich dürstende Haut wiederbeleben und Elastizität zurückerobern. Scheinbar! Stimmt das oder ist das wieder mal reine Marketingstrategie der Unternehmen? Dazu gleich mehr, denn zunächst müssen wir mal ein paar Grundbegriffe klären.

WAS IST KOLLAGEN?

Kollagen ist ein Eiweiß und spielt eine wichtige Rolle in unserem Körper. Deswegen produziert er ständig welches, wenngleich mit zunehmendem Alter immer weniger. Kollagen hält das Bindegewebe sowie die Haut elastisch.

Wichtig zu wissen: Kollagen, das in Kosmetik verarbeitet wird, stammt immer aus tierischen Produkten. Hierzu werden in der Regel Schlachtnebenprodukte wie Sehnen, Häute oder auch Knorpel – meist vom Rind – verarbeitet.

WAS IST HYALURON(SÄURE)?

Hyaluronsäure ist eine körpereigene langkettige Substanz, die super Wasser speichern kann. Je mehr davon im Bindegewebe gespeichert wird, umso glatter wirkt unsere Haut. Leider baut es sich bei fortschreitendem Alter drastisch ab. Sogenannte Hyaluron-Spritzen sollen das ausgleichen. Und tatsächlich ist das eine relativ sichere Sache, wenn tiefere Falten mit Hyaluron aufgefüllt werden, da es eben ein körpereigener Stoff ist.

WAS IST RETINOL?

Ohne Retinol (Vitamin A1) geht gar nichts. Es ist so etwas wie der Big Boss der Hautzellen und gibt ihnen fortlaufend Kommandos. Ohne Retinol würden sie komplett hilflos in unserem Organismus umherirren und wüssten nicht, was sie als Nächstes tun sollen. Ausführlicheres zu Retinol gibt es im folgenden Kapitel.

WAS IST Q10?

Es handelt sich dabei um ein fettlösliches Molekül, das am ehesten dem Vitamin K oder Vitamin E ähnelt. Q10 spielt eine wesentliche Rolle bei der Energiebereitstellung in unseren Körperzellen. Die Konzentration von Q10 nimmt im Alter ab. Jedoch gibt es aktuell keine wissenschaftlichen Belege, dass die Einnahme des Coenzyms irgendeine Wirkung auf unsere Gesundheit hat.

Um die Sache auf den Punkt zu bringen: Die Haut altert nachweislich und das bereits ab dem jungen Erwachsenenalter. Die Kosmetikindustrie sagt dazu: »Wo ist das Problem? In unseren Produkten finden sich alle wichtigen Stoffe, die der alternden Haut abhandenkommen. Greift also reichhaltig zu. Wir freuen uns über den Umsatz.« Damit hat sie im Grunde Recht, jedoch liegt der Teufel wie immer im Detail.

Problem: Kosmetik ist keine Medizin, daher darf sie im Körper nicht pharmakologisch wirken, sonst bräuchte sie eine Zulassung als Medizinprodukt. Der Weg dahin ist lang und teuer. Daher meiden ihn die Herstellerfirmen und verlassen sich vorzugsweise auf ihre Werbestrategien. Und die gehen – wie die Umsätze zeigen – bestens auf.

WAS SPRICHT FÜR ANTI-AGING-KOSMETIK UND WAS DAGEGEN?

Es ist nachgewiesen, dass Anti-Aging-Produkte nicht den tiefgreifenden Effekt haben, den wir uns wünschen. Aus der Werbung bekannte Sprüche wie »20 Probanden sagten nach der Anwendung, dass sich ihre Haut viel straffer anfühlt« sind keine wissenschaftlich verwertbaren Aussagen, sondern schlichtweg kluge Irreführungen. Beziehungsweise cleveres Marketing. Und das lassen sich die Hersteller auch gut bezahlen. Mit dem Label »Anti Aging« lässt sich gut verdienen. Cremes, die Hunderte Euro kosten, lassen sich gut vermarkten, wenn mit der Aussage geworben wird, dass diese einen um Jahre jünger aussehen lässt. Aber das ist leider nur die halbe Wahrheit, denn Kosmetik ist keine Medizin und unterliegt damit auch anderen Regularien. Kosmetik darf die Kondition der Haut verbessern, aber nicht heilen. Medizinisch wirksame Produkte sind strengen Kontrollen unterworfen und müssen ein umfangreiches Zulassungsverfahren durchlaufen.

MACHEN ODER LASSEN?

Meine Empfehlung: LASSEN! Anti-Aging-Kosmetik pflegt die Haut nicht besser als jede andere normale Creme, kostet aber meist doppelt oder dreifach so viel.

Ein freudiges MACHEN gibt es von mir zu allen Anti-Aging-Maßnahmen, die wir selbst in der Hand haben: wenig Sonne und Alkohol, viel Wasser trinken, nicht rauchen, gesunde Ernährung. Das habe ich heute früh auch meinem Spiegelbild erklärt, das mit dem Lösungsansatz absolut einverstanden war.

RETINOL – WUNDERMITTEL FÜR DIE HAUT?

Es klingt zu verlockend: Ich verteile eine Portion Retinol-Creme im Gesicht und meine Falten lösen sich unmittelbar in Luft auf. Retinol soll der Booster schlechthin sein für eine Verjüngungskur im Handumdrehen. Warum? Die Kosmetikindustrie sagt, dass Retinol hilft, unsere Kollagenproduktion im Körper anzuregen. Kollagen ist quasi das Gerüst, auf dem unsere Haut aufgespannt ist. Mit dem Älterwerden wird dieses Gerüst immer brüchiger und so entstehen die Falten in der Haut. Retinol soll genau hier ansetzen und durch das »Anschieben« der Kollagenproduktion das Gerüst reparieren – und siehe da: Die Haut sieht wieder straff und jung aus! Dieses Faltenwunder wollte ich deshalb unbedingt genauer unter die Lupe nehmen.

WAS IST RETINOL?

Retinol ist ein fettlösliches essenzielles Vitamin (Vitamin A1). Es wird nicht von unserem Körper hergestellt, sondern muss aus der Nahrung aufgenommen werden (Lieferanten sind Leber, Eigelb, Milchprodukte). Außerdem kann es auch aus zugeführtem Carotin (Provitamin A) gebildet werden. Solange wir jung sind, klappt dieser Umwandlungsprozess von Carotin zu Vitamin A auch ganz gut. Je älter wir werden, desto schwerer fällt es unserem Körper allerdings, Carotin in Vitamin A umzuwandeln. Damit reicht die alleinige Aufnahme von Retinol aus der Nahrung nicht mehr aus. Und da unser Bindegewebe Retinol braucht, um straff zu bleiben, wird, je älter wir werden, unsere Haut mehr und mehr faltig.

Hier setzt die Kosmetikindustrie an und stellt Retinol synthetisch her. Angeboten wird das Ganze dann in Form von Seren oder Cremes, die Retinol in verschiedenen Konzentrationen enthalten. Ob als Augencreme, als Tages- oder Nachtcreme, als Gesichtsmaske oder abgefüllt in kleine Ampullen – die Kosmetikindustrie verarbeitet diesen »Faltenkiller« vielfältig. Von außen zugeführt wird ihm unter anderem auch eine antioxidative Wirkung zugesprochen. Das bedeutet, Retinol haut schädlich wirkenden freien Radikalen kräftig eins auf die Mütze.

WAS SIND FREIE RADIKALE?

Zur Beantwortung dieser Frage machen wir einen kurzen Ausflug in unseren Körper. Freie Radikale sind, wie der Name schon andeutet, keine netten Gesellen. Sie gehören zu den instabilen Molekülen. Und sie sind äußerst angriffslustig! Alles, was ihnen an anderen Molekülen entgegenkommt (Proteine, Lipide) attackieren – fachsprachlich oxidieren – sie euphorisch. Sie machen nicht mal vor unserer DNA Halt. Dies wird als oxidativer Stress bezeichnet, der beispielsweise zu Entzündungen, vorzeitigem Altern oder Krankheiten wie Krebs und Diabetes führen kann.

Antioxidanzien sind die treuen Helfer des Guten und damit die Gegenspieler der freien Radikale. Sie neutralisieren deren oxidative Angriffslust und verhindern damit größeren Schaden. Unser Körper ist schlau und schickt dazu Enzyme, Hormone und anderes in den Kampf. Wir können ihm dabei helfen, indem wir unserem Körper Antioxidanzien zusätzlich zuführen in Form von ausreichend Obst und Gemüse. Es ist erwiesen, dass hier vor allem Zink, Selen, Vitamin C, E und B2 eine tragende Rolle spielen.[7]

Was von innen funktioniert, müsste auch von außen machbar sein. Oder vielleicht doch nicht? Damit sind wir wieder beim Retinol angekommen und bei dessen Pros und Kontras.

WAS SPRICHT FÜR RETINOL UND WAS DAGEGEN?

Um die Pro-Seite zu stärken, wäre zunächst zu klären, ob Retinol äußerlich angewendet überhaupt wirksam ist. In der Werbung herrscht ja überwiegend heiteres großes Blabla um nichts, vor allem auf dem großen Spielfeld der Kosmetikbranche. Ich habe mich daher auf die Suche nach Studien gemacht und bin fündig geworden. Dort ist zu lesen, dass Retinol den Kollagenfasern in der Tat einen Tritt in den Hintern verpassen kann, damit die sich wieder in Form biegen. Oder anders gesagt: Retinol mindert Falten tatsächlich. Bei einer Anwendung dreimal wöchentlich konnte nach ca. 6 Monaten klinisch eine deutliche Verminderung feiner Fältchen nachgewiesen werden. Eine signifikante Synthesesteigerung von Bindegewebsfasern wurde ebenso bestätigt.[8]

Bei dieser durch und durch guten Nachricht möchten Sie die Kontra-Argumente vielleicht schon gar nicht mehr wissen. Ich führe sie trotzdem auf und beginne mit dem hohen Preis. Retinol-Produkte sparsam aufzutragen, ergibt sich daraus von allein. »Viel hilft viel« wäre allerdings auch in puncto Verträglichkeit heikel. So manche Menschenhaut reagiert mit Rötungen oder Schuppen, denn Vitamin A wirkt wie ein Peeling. Also unbedingt langsam rangehen ans Retinol und die Haut sanft an den Wirkstoff gewöhnen. Ein weiteres Problem ist, dass die mit Retinol behandelte Haut empfindlicher für

Sonnenlicht wird. Das kann zu Hautschäden führen. Ein guter Sonnenschutz ist demzufolge doppelt wichtig. Wer eine empfindliche Haut hat, sollte vor der Anwendung mit einem Hautarzt sprechen. Die Retinol-Produkte gibt es in unterschiedlichen Konzentrationen, so dass für die meisten Hauttypen auch das passende Produkt zu finden ist.

Neben Retinol finden sich leider teils auch viele andere Stoffe in den entsprechenden Kosmetika. Da heißt es, genau hinschauen und auf solche Produkte verzichten, die vermutlich schädliche Stoffe wie Parabene, Mineralöle oder synthetische Duftstoffe enthalten. Diese können ebenso Unverträglichkeiten und Allergien hervorrufen und zu unangenehmen Nebenwirkungen führen.

MACHEN ODER LASSEN?

Auch wenn es seltsam klingt, wo ich doch »Anti Aging«-Kosmetik mit einem LASSEN beurteilt habe. Beim Retinol sieht die Welt anders aus und das wird meinen Mann erfreuen: Ich plädiere für ein MACHEN – wobei Sie noch viel mehr für Ihre Haut tun können, beim vorigen Thema aufgezeigt: Wenig Alkohol und Sonne, nicht rauchen, gesunde Ernährung. Das hält mindestens ebenso jung – bei null Kosten.

TUN WIR UNSEREN LIPPEN UND HÄNDEN MIT PFLEGE ETWAS GUTES?

Im Winter sieht man mich nirgends ohne meinen Lippenpflegestift.
Und wehe, er kommt mir abhanden, dann werde ich nervös.
Meine Lippen fühlen sich dann an wie ein Ackerboden in der Dürrezeit:
vollständig ausgetrocknet! Meine Hände auch. Macht es deshalb
vielleicht Sinn, sich ständig einzucremen? Ist das ständige Eincremen der
Hände oder das übermäßige Benutzen von Lippenpflegestiften oder
vielleicht schädlich? Ich könnte im Winter nicht ohne Lippenpflege.
Wie oft passiert es mir, dass mein Pflegestift verschollen ist und ich fast
das Gefühl habe, ich wäre abhängig davon. Ähnlich wie das beim
Nasenspray auch passieren kann. Je öfter du es nimmst, desto mehr
passiert das Gegenteil. Die Nase wird nicht frei, sondern ist dicht.
Ist das vielleicht bei der Lippenpflege auch so? Sorgt gerade das ständige
Eincremen für trockene Lippen? Was ist dran an dieser Aussage?

WAS PASSIERT MIT UNSERER HAUT IM WINTER?

Bei Kälte produziert die Haut weniger Fett. Fehlt es, wird die Haut spröde. Trockene Heizungsluft gibt ihr dann den Rest. Ist dagegen ausreichend Fett vorhanden, fühlt sie sich wunderbar geschmeidig an. Zart wie der sprichwörtliche Babypopo. Bei den Lippen kommt ein zusätzliches Problem hinzu: Sie können selbst keine Feuchtigkeit und nur sehr wenig Fette produzieren. Ihre Hilflosigkeit teilen sie uns in Extremsituationen, vor allem bei Kälte, Wind und trockener Heizungsluft in einem stummen Schrei mit. Die Lippen werden trocken, spröde, teils rissig und dadurch anfällig für Krankheitserreger. Wenn wir sie dann notfallmäßig mit der Zunge befeuchten, explodiert das SOS: Feuchtigkeit, anschließendes Austrocknen, Sprödigkeit, wieder Feuchtigkeit, noch mehr Austrocknen, noch schlimmere Sprödigkeit …. Wäre es da nicht naheliegend, Lippen, Gesicht und Hände im Winter mit einer ordentlichen Portion Fett von außen zu versorgen, um dem Verlust von Feuchtigkeit quasi mit einer Sperrschicht vorzubeugen?

WAS SPRICHT FÜR DAS VERMEHRTE EINCREMEN IM WINTER UND WAS DAGEGEN?

Dazu muss ich ein bisschen ausholen und beginne mit den Händen. Wenn sie zu trocken sind, fehlt der Fettfilm. So weit waren wir schon. Normalerweise kommt unser Körper wunderbar allein damit zurecht. Er kann das Fett selbst produzieren. Das machen die Talgdrüsen und im Normalfall schaffen sie täglich ein bis zwei Gramm. Produzieren sie mehr, wird die Haut fettig. Produzieren sie weniger, trocknet sie aus. Allerdings: Je kälter es wird, desto weniger Lust haben die Talgdrüsen auf Arbeit. Der Fettfilm auf der Haut nimmt ab. Dazu kommt noch vermehrtes Händewaschen wegen der bösen Viren im Winter – und schon ist das Dilemma perfekt. Die Haut braucht dann dringend unsere Unterstützung. Dermatologen empfehlen fettreiche Handcremes im Winter Das nennen die Fachleute Wasser-in-Öl-Cremes. Ihr Grundcharakter wird von Öl bestimmt. Viele Fettmoleküle umschließen kleinste Wassertröpfchen. Die Fette bilden nach dem Auftragen eine Schutzschicht, die die Haut nachhaltig vor dem Austrocknen schützt. Das enthaltene Wasser reichert die obersten Hautschichten mit Feuchtigkeit an.

Bestenfalls sind die Produkte noch mit Urea oder Hyaluronsäure angereichert – beide Stoffe binden gut Feuchtigkeit in den oberen Hautschichten. Cremes mit sehr hohem Feuchtigkeitsanteil (Öl-in-Wasser-Emulsionen) sind im Winter gefährlich. Würden Sie direkt nach dem Auftragen einer solchen, stark wasserhaltigen Creme nach draußen gehen, kann es mindestens zu starker Austrocknung der Haut, im schlimmsten Fall zu Erfrierungen kommen.

Weiter geht's mit den Lippen. Hier ist es dasselbe und doch wieder nicht, da die Lippen selbst nur so wenig Fett produzieren können. Sie sind so oder so auf unsere Unterstützung angewiesen. Also: Ran an den Lippenpflegestift, der einen hohen Fett- oder Ölanteil haben sollte. Alte Hausmittel tun es natürlich auch. Olivenöl oder Sheabutter wären eine natürliche Alternative zum Fettpflegestift. Möchte Sie es dennoch lieber mit einem Pflegestift versuchen, stehen Sie wie viele Menschen vor der Qual der Wahl. Welchen soll ich nehmen? So viel kann ich im Vorfeld bereits sagen: Nicht jeder dargebotene Lippenpflegestift ist empfehlenswert. Im letzten Test von ÖKOTEST sind fünf Produkte durchgefallen – wegen Mineralölrückständen oder kritischen Duftstoffen, die Allergien auslösen können[9]. Da jeder von uns im Durchschnitt 20 Gramm Lippenpflege pro Jahr verschluckt, ist eine gute Auswahl doppelt wichtig. Mineralöl oder kritische Duftstoffe wollen wir bestimmt nicht in unserem Körper wissen. Die ToxFox-App des BUND ist auch da ein guter Ratgeber, da sie solche Produkte nach dem Abscannen des Barcodes innerhalb von Sekunden entlarvt.

Macht Lippenpflege nun aber süchtig, wie meine Kollegin sagte? Hiermit kann ich aufatmen. Die Antwort lautet: Nein. Es ist reine Gewohnheit, wenn wir immer wieder zum Pflegestift greifen. Süchtig kann niemand davon werden.

MACHEN ODER LASSEN?

Auf jeden Fall MACHEN! Unsere Haut leidet im Winter richtig krass. Und ich persönlich will keine leidende Haut haben. Es reicht ja schon, wenn ich als erwiesenes Sonnenkind im Winter wegen des fehlenden Lichts und der Kälte leiden muss. Daher pflege ich meine Lippen und meine Hände sehr aufmerksam. Wichtig ist nur, auf die richtigen Produkte ohne schädliche Inhaltsstoffe zurückzugreifen. Beim pflegenden Lipstick gern auch an den UV-Schutz denken.

IST ELEKTROLYTE-PULVER EINE WUNDERWAFFE GEGEN KATER?

Lassen Sie uns übers Trinken sprechen. Nein, nicht das mit dem Wasser, sondern das mit den Kopfschmerzen am nächsten Morgen. Ich selbst kann hier aus eigenen Erfahrungen nicht mitreden, da ich es mit dem Alkohol nie übertreibe. Anders bei einigen Menschen aus meinem Umfeld. Für sie kommt der neue Elektrolyte-Trend eventuell gerade recht. Elektrolyte sind keine neue Erfindung der Menschheit. Ganz plötzlich jedoch wurden sie gehypt als Anti-Kater-Mittel. Diverse mehr oder weniger bekannte Influencer*innen schwören darauf und erzählen ihren Followern und Followerinnen von ihren ultratollen Erfahrungen. Dafür halten sie hier ein Beutelchen und da ein Tütchen frontal in die Kamera. Das machen sie natürlich nur deswegen, weil sie von den Herstellerfirmen dafür bezahlt wurden.

WAS PASSIERT IM KÖRPER BEI EINEM KATER?

Dazu würde ich Ihnen gern einen bunten Strauß an Informationen präsentieren. Bei meinen Recherchen entpuppte sich der Kater allerdings nicht gerade als Medienwunder. Es gibt fast nichts über ihn herauszufinden, da die Experten selbst noch immer noch weitgehend im Dunkeln tappen. Einige Theorien besagen, dass ein Abbauprodukt des Alkohols mit dem Namen Acetaldehyd für das schlechte Befinden verantwortlich sein könnte. Zusammen mit der Dehydrierung, also mit dem übermäßigen Verlust an Körperwasser, macht das richtig schlechte Laune (und Kopfschmerzen!). Zur Dehydrierung: Unter normalen Umständen hat unser Körper seinen Wasserhaushalt bestens im Griff. Dafür zuständig ist das Hormon Vasopressin. Es regelt, einfach ausgedrückt, das Zusammenspiel dessen, was oben reinläuft und unten wieder raus. Wenn wir durstig sind, lässt es beispielsweise weniger durch die untere Öffnung, damit das vorhandene Wasser länger im Körper verbleibt, bis wieder Nachschub in Sicht ist. Mit Alkohol im Blutkreislauf hat dieses Hormon jedoch ein echtes Problem. Es bekommt einen Totalaussetzer. Die Nieren machen dann, was sie wollen. Wir pinkeln zu viel und verlieren damit auch wertvolle Elektrolyte wie Magnesium, Kalzium und Kalium. Und das hat spürbare Folgen. Nehmen wir etwa das Beispiel Magnesium: Das ist an über 300 Aufgaben im Körper beteiligt, u. a. am Umbau von zugeführtem Eiwciß, an der Herzfunktion oder auch an der Regelung des Blutdrucks.

Genau hier setzen die Elektrolyte-Pulver an. Ihre Hersteller erklären euphorisch, dass ihre Produkte eben wegen dieser Mängel im Körper die passgenaue Katerlösung sind. Also rein damit. Alles gut! Klingt erst mal nachvollziehbar.

WAS SPRICHT FÜR ELEKTROLYTE-PULVER BEI EINEM KATER UND WAS DAGEGEN?

Die Pulver sind ursprünglich für einen völlig anderen Zweck gedacht: bei Durchfall! Gehen dabei zu viele Elektrolyte verloren, ist es mitunter lebenswichtig, Elektrolyte zuzuführen. Mit dem neuen Anti-Kater-Trend wurden sie allerdings zum Lifestyle-Produkt. Jeder will mitreden und jeder meint, eine Meinung dazu zu haben. Ich habe mich durch eine Masse an Artikeln gelesen, die im Resümee folgenden Schluss zulassen: Viele Apotheker und Ärzte halten das Pulver für kein Kater-Allheilmittel und schon gar nicht für einen Freibrief, es alkoholisch doppelt krachen zu lassen – weil das Pulver ja alles wieder heilmachen würde. Außer den verlorenen Elektrolyten laufen näm-lich noch andere Prozesse im Körper ab – und diese lassen sich durch die Zugabe von Elektrolyten nicht so einfach stoppen. Das Katergefühl bleibt. Alles andere wäre ein echtes Wunder. Was viele Feierwütige außerdem vergessen: Zu viel Alkoholgenuss hin-terlässt erwiesenermaßen Langzeitschäden. Alkohol ist ein Zellgift, das Leber, Gehirn und Magen auf Dauer schädigt. Das erhöht das Risiko für Krebs, Herzerkrankungen und Schlaganfälle.

MACHEN ODER LASSEN?

Nicht jeder Trend macht Sinn, daher: LASSEN! Überlegenswert wäre eher, sich weniger schlimm abzuschießen und den Alkohol nur mäßig zu genießen. Oder bereits während des Alkoholgenusses viel Wasser zu sich zu nehmen. Der Elek-trolyte-Verlust lässt sich überdies mit dem berühmten Rollmops, Tomatensaft oder einer größeren Menge Apfelsaftschorle genauso gut ausgleichen. Das hat denselben Effekt und ist billiger. Teils sind die Elektrolyte-Pulver aufgrund des Anti-Kater-Trends vergriffen. Andere haben dann das Nachsehen, die diese drin-gend brauchen würden.

IST DER BESUCH IM SOLARIUM BEDENKLICH?

In den 80ern und 90ern hatten Solarien ihre Hoch-Zeit.
Unmengen an Leuten, Frauen, Männer, Junge, Alte nutzten das Angebot.
Die Sonnenstudios sprossen damals wie Pilze aus dem Boden.
Dieser Hype ist längst vorbei, aber erstaunlich viele Menschen
schwören trotzdem noch darauf. Vor allem in den Wintermonaten,
wenn wir mangels Sonne als fahle Bleichgesichter durch den Alltag gehen.
So mancher nutzt das Solarium zusätzlich zur Stimmungsaufhellung.
Die Wärme und das Licht sind Balsam für die Seele, wenn die Tage
immer kürzer werden und das Wetter dauertrist daherkommt.
Als Sonnenkind kann ich das super nachvollziehen. Im Herbst falle ich
regelmäßig in eine leicht melancholische Stimmung. Mir fehlt dann der
Duft von Sommer und auch die Wärme auf der Haut. Gegen ein wenig
Bräune habe ich zudem nichts einzuwenden. Natürlich schön dosiert.
Da klingt das Wort Solarium bisweilen verführerisch. Weg mit dem
blassen Teint und gleichzeitig wohlige Wärme tanken mit künstlicher
Sonne, die uns über den Winter rettet. Entsprechend vielfältig sind
die Angebote und die Versprechen groß. Auf der anderen Seite
betrachten Mediziner das Solarium kritisch.

WAS PASSIERT, WENN SONNENLICHT AUF UNSERE HAUT EINSTRAHLT?

Ohne Sonnenlicht gäbe es kein Leben auf der Erde. Das allein zeigt dessen Wichtigkeit. Wie überall macht es aber die Menge; zu viel des Guten kann großen Schaden anrichten. Bleiben wir jedoch erstmal bei der Wirkungsweise.

Für die Produktion von Vitamin D braucht unser Körper Sonnenlicht ganz dringend. Über Nahrungsmittel kann dieses Vitamin nur begrenzt aufgenommen werden. Strahlt die Sonne auf die Haut, wirft der Körper seinen internen Vitamin-D-Generator an und produziert es selbst. Schon praktisch! Das funktioniert im Sommerhalbjahr richtig gut. Im Winterhalbjahr dagegen so gut wie gar nicht. Die UV-B-Strahlen dürfen nämlich nicht vorher schon durch die Ozonschicht absorbiert werden, sonst wird das nichts mit dem Vitamin-D-Nachschub. Wenn die UV-B-Strahlen in einem zu flachen Winkel auf die Ozonschicht treffen – im Sommer morgens und abends, im Winter nahezu den ganz Tag über –, sieht es folglich schlecht aus mit dem Vitamin-D-Nachtanken. Soweit die körperliche Seite.

Die seelische Komponente ist allerdings genauso wichtig: Unsere Psyche freut sich über Sonne! Das Gehirn bekommt unmittelbar Wind von der hellen und wärmenden Strahlung und schüttet vermehrt Glückshormone aus. Deswegen ist meine Stimmung im Frühjahr und Sommer deutlich besser als in der Herbst-Winter-Periode. – Es sei denn, der Sommer fällt durch permanent schlechtes Wetter ins Wasser. Dann kann ich auch mal im Juli missgelaunt sein.

WIE FUNKTIONIERT EIN SOLARIUM?

Künstliches Sonnenlicht ist und bleibt künstlich – erzeugt mit Hilfe verschiedener Lichtquellen und Leuchtröhren. Diese bestrahlen im Solarium von oben und unten den gesamten Körper. Der UV-Lichtanteil, der die die Bräunung unserer Haut hervorruft, ist dabei ist sehr hoch. Studien belegen, dass durch zu viel UV-Strahlung das Krebsrisiko deutlich steigt[10].

WAS SPRICHT FÜR DAS SOLARIUM UND WAS DAGEGEN?

Zu viel Sonnenlicht ist nichts. Okay, verstanden! Dann eben nur im Winter ein bisschen Solariumlicht tanken, wenn die UV-Strahlung in der Natur zu wünschen übrig lässt? Klingt nach einem Plan. Leider nach keinem guten! Laut der Deutschen Krebshilfe gibt es generell keinen unbedenklichen Schwellenwert von UV-Strahlung. Unabhängig davon, ob künstlich oder echt. Auf der anderen Seite benötigen wir UV-B-Strahlung aber für die Bildung von Vitamin A . Außerdem kann unser Körper kleinere Strukturzerstörungen durch UV-Strahlung zu einem gewissen Grad selbst reparieren. Wie gut er darin ist, hängt von verschiedenen biologischen Faktoren ab wie zum Beispiel dem Hauttyp. Sich allerdings bewusst zusätzlichem UV-Licht auszusetzen, etwa durch ein Solarium, wird hingegen sehr kritisch bewertet.

Darf dann wenigstens das typische Vorbräunen für den Urlaub sein? Am Mittelmeer und erst recht in den Subtropen oder Tropen, aber auch im Hochgebirge in unseren Breiten hat die Sonne deutlich mehr Kraft. Also warum nicht die Haut schon mal – nach Art eines UV-Trainingslagers – auf diese Sonnenlicht-Challenge vorbereiten? Auch das ist völliger Humbug. Haut kann dergestalt nicht vorbereitet werden; sie wird dadurch eher schon vorab geschädigt. Während Sie im Urlaub angenehm die Seele baumeln lassen, hat die Haut alle Hände voll zu tun, die aus Deutschland mitgereisten kaputten Zellen zu reparieren. Zusätzlich bedeutet die ungewöhnlich hohe Sonnenzufuhr am Urlaubsort weitere Reparaturleistungen. Könnte unsere Haut sprechen, hätte sie eine dringende Mitteilung für uns: Gesunde Bräune gibt es nicht! Wenn sich die Haut bei UV-Strahlung dunkler färbt, ist das eine Stress- und Schutzreaktion, um potenziell krebserregende Strahlung abzuwehren. Die Deutsche Krebshilfe bestätigt das.

Ob die UV-Strahlung nun von der echten Sonne kommt oder dem Solarium, macht keinen Unterschied. Es geht um die Menge der UV-Strahlung insgesamt, die unsere Haut im Laufe ihres Lebens abbekommt. Pfiffige Anbieter lassen sich daher nette Namen für ihr Solarium einfallen, um diesen Sachverhalt zu beschönigen. »Bio-Solarium« oder »Smart Tanning« soll ein gutes Gefühl auslösen. Die Funktionsweise dieser Solarien ist dennoch dieselbe und somit auch die gesundheitliche Belastung für den Körper. Dazu ein paar Zahlen von der Internationalen Agentur für Krebsforschung (IARC): Geht eine unter 35-jährige Person einmal im Monat bzw. zwölfmal pro Jahr ins Solarium, steigt das Risiko für ein Melanom (schwarzer Hautkrebs) um 60 Prozent. Bei jedem weiteren Gang erhöht sich das Risiko um weitere 1,8 Prozent.

Wen der blasse Teint stört, der/die kann auf alternative Lösungen mit Selbstbräunern oder Ähnlichem zurückgreifen. Dazu können Sie gerne Ihren Hautarzt des Vertrauens um Rat fragen, was dermatologisch für Ihren Hauttyp sinnvoll wäre. Bei vermutetem Vitamin-D-Mangel rate ich ebenso dazu, einen Arzt aufzusuchen, um erstens durch einen Labortest nachzuweisen, ob dem wirklich so ist. Und falls ja, kann die Ärztin/der Arzt passende Mittel empfehlen, die den Mangel beheben.

MACHEN ODER LASSEN?

Die Risiken des Solarium-Sonnenbadens sind enorm. Deswegen kurz und knapp: UNBEDINGT LASSEN! Es ist gefährlich, schadet der Haut und hat so gut wie keine Vorteile.

IST SELBSTBRÄUNER EINE GUTE SOLARIUM-ALTERNATIVE?

Wir bleiben noch etwas bei der gebräunten Haut.
Ich selbst gefalle mir sehr viel besser, wenn ich leicht gebräunt bin.
Schaue ich mir die Menschen um mich herum oder in der Stadt genauer
an, hat sich dieses Schönheitsideal anscheinend nicht nur bei mir
durchgesetzt. Das Gebräunt-aussehen-Wollen kollidiert allerdings
mit dem Faltendilemma. Ich verhalte mich deswegen so zurückhaltend
wie möglich bei den UV-Strahlen und bin offen für Alternativen.

DIE BRÄUNUNGSDUSCHE

Eine solche probierte ich aus und wurde dabei innerhalb von Minuten braun. Dazu stellte ich mich in eine Bräunungskabine, die Ähnlichkeit mit der Dusche zu Hause hat. Einziger Unterschied: Ringsum waren Düsen angebracht. Aus denen drang ein feiner Nebel auf meine Haut, der mich am ganzen Körper in einen gebräunten Adonis verwandelte. Das Bräunungsmittel enthält unter anderem Zuckerlösungen, die auch in Selbstbräunern verwendet werden. Wenn diese Lösungen mit der obersten Hautschicht in Kontakt kommen, reagieren sie mit dem Sauerstoff in der Luft und oxidieren. Durch diesen Prozess entsteht eine Färbung der obersten Hautschicht. Die hielt ungefähr eine Woche an und kostete um die 25 Euro. Woran ich dummerweise nicht dachte: Dunkle Kleidung für den Ausflug zu wählen. Ich trug ein helles Hemd. Als ich wieder zu Hause war, hatte es hässliche Flecken. Der Grund: Es dauert bis zu 6 Stunden, bis das Tanning komplett getrocknet ist. Beim nächsten Mal bin ich schlauer – auch dahingehend, dass Hände und Füße mit Selbstbräuner zu Hause nachbearbeitet werden müssen. Die Düsen kamen hierbei an ihre physikalischen Grenzen.

WIE FUNKTIONIERT EIN SELBSTBRÄUNER AUS DEM DROGERIEMARKT?

Zunächst ein bisschen Theorie: Die meisten Selbstbräuner, die man im Laden kaufen kann, enthalten zwischen als wirksame Substanz DHA (ausgeschrieben Dihydroxyaceton). Das ist ein aus Glycerin gewonnener, farbloser Zucker. Trifft DHA in der obersten Hautschicht auf Eiweiße der Hautzellen, wird es vor Reaktionsfreude braun.

Eine bis zu 12 Stunden dauert es, bis wir das finale Ergebnis bestaunen können, das maximal fünf Tage anhält; mit den Hautschuppen der obersten Hautschicht löst sich nämlich auch die Bräune wieder ab. Und sie bietet keinen Sonnenschutz, wie viele Anwender*innen irrtümlich glauben. Alternativ gibt es Selbstbräuner die mit dem Stoff Erythrulose funktionieren. Auch hier wird die oberste Hautschicht eingefärbt. Erythrulose ist deutlich teurer in der Produktion als DHA, der Vorgang dauert außerdem deutlich länger und die Intensität der Bräunung ist auch nicht so stark. Erfahrungsgemäß ist Selbstbräuner auf Basis von Erythrulose aber von der Farbgebung her näher an einem natürlichen Braunton.

Kosten: ab 2 Euro, nach oben hin keine Grenzen. Es gibt auch Selbstbräuner für über 300 Euro, die in dieser Preiskategorie vor allem Erythrulose als Bräunungsstoff enthalten (sollten).

GIBT ES NOCH MEHR ALTERNATIVEN FÜR GEBRÄUNTE HAUT?

Ja! Beta-Carotin beispielsweise ist ein natürlicher Farbstoff und sorgt gleichfalls für eine schöne Bräune. Es wird allerdings nicht auf die Haut aufgetragen, sondern wir müssen es über Nahrungsmittel verzehren. Der Körper wandelt es zu Vitamin A um. Die Wirksamkeit ist in Studien nachgewiesen. Die Bräune entsteht dadurch, dass der Körper Carotin in unsere Fettlager packt, wenn er mehr davon bekommt, als er auf einen Schlag in Vitamin A umwandeln kann. Allerdings dauert das ziemlich lang. Für eine sichtbare Wirkung müssen längerfristig täglich 30 mg Beta-Carotin eingenommen werden. Für ungeduldige Menschen ist das also keine Option.

Kleines Manko: Fußsohlen und Handinnenflächen verfärben sich mit. Das sieht weniger schön aus.

Beta-Carotin ist als Nahrungsergänzungsmittel in den meisten Drogerien erhältlich, überwiegend in Kapselform, und kostet ab 3 Euro in der Monatspackung. Denselben Effekt haben übrigens drei, zusammen mit einigen Tropfen Öl, verspeiste Karotten pro Tag. Wir kennen das auch aus der Tierwelt. Wenn Flamingos zur Welt kommen, ist ihr Federkleid weiß. Erst durch ihre Ernährung – sie fressen in erster Linie Krebse und Algen, die Carotinoide enthalten – färben sich die Federn nach und nach rosa.

WAS SPRICHT FÜR DEN SELBSTBRÄUNER UND WAS DAGEGEN?

Grundsätzlich sind Selbstbräuner (auch die Bräunungsdusche) medizinisch unbedenklich. Soweit die gute Nachricht. Bei etwa 10 bis 15 Prozent der Menschen funktionieren Selbstbräuner aber nicht, da sie nicht auf den Wirkstoff DHA reagieren. Menschen mit Ekzemen oder Neurodermitis sollten erst mit ihrer Ärztin bzw. ihrem Arzt sprechen, ob ihnen eine Anwendung schaden könnte. Eine Alternative könnte der Stoff Erythrulose sein. Dieser Stoff entsteht durch das fermentieren von Pflanzen und färbt ebenfalls die oberste Hautschicht ein. Nur der Prozess dauert hier deutlich länger, als bei den klassischen DHA Produkten.

LAGERUNG UND HALTBARKEIT

Die Produkte auf keinen Fall zu warm oder gar im Sonnenlicht lagern und innerhalb von 3 Monaten verbrauchen. Sonst findet eine ungute chemische Reaktion statt. Das enthaltene DHA könnte dann Formaldehyd abspalten. Das gilt als wahrscheinlich krebserzeugend. Bei der Alternative Erythrulose ist die Gefahr deutlich geringer, dass sich Formaldehyd abspaltet.

ERGEBNIS

Das fällt sehr unterschiedlich aus. Von »na ja«, bis »wow« und hängt von der enthaltenen DHA- bzw. Erythrulose-Konzentration, der Hautbeschaffenheit sowie den persönlichen Erwartungen ab. Was bei Tante Erna schön dunkelbraun wird, reicht bei Ihnen unter Umständen nur bis zu einem Hauch von Nichts. Deswegen die Produkte immer erst an unauffälligen Stellen ausprobieren, bevor das Ganzkörperergebnis in einem Flop endet.

ANWENDUNGSFEHLER

Zu häufiges, zu dickes oder ungleichmäßiges Eincremen. Sich jeden Tag mit Selbstbräuner zu beglücken, wäre ebenso kontraproduktiv, da hier keine Wirkung mehr stattfinden kann. Die Reaktion des DHS bzw. der Erythrulose hat sich ja bereits vollzogen. Mehr geht nicht!

WELCHES PRODUKT FÜR WELCHEN HAUTTYP?

Menschen mit trockener Haut dürfen gern zu reichhaltigen Cremes greifen. Menschen mit fettiger Haut sollten leichte Lotionen oder Sprays bevorzugen. Es gibt auch Seren, die man tropfenweise seiner Tagescreme bzw. seiner gewohnten Körperlotion zufügen kann

MACHEN ODER LASSEN?

Wer Wert auf eine gewisse Bräune legt, für den gilt klar: MACHEN! Es ist ja nur Zucker.

WIE GUT SIND NATURKOSMETIK-SONNENSCHUTZCREMES?

Anfang der 1980er war ich jedes Jahr mit Oma und Opa an der Ostsee. Ich kann mich nicht daran erinnern, dass mich da jemals wer zum Schutz gegen UV-Strahlen eingecremt hat. Das ist heute undenkbar und unter der Prämisse, dass der Klimawandel drastisch voranschreitet, sowieso. Ich widme mich daher dem Thema Sonnencreme. Dermatologen appellieren hier längst an unsere Vernunft, unsere Haut nur noch geschützt der Sonne auszusetzen.

Alles andere als vernünftig ist vor diesem Hintergrund der in letzter Zeit leider aufgekommene Trend, sich mit einer Schablone auf der Haut in die Sonne zu legen und sich absichtlich verbrennen zu lassen. Danach werden Fotos und Filme der Sonnenbrand-Tattoos gemacht und stolz auf den Social-Media-Kanälen herumgereicht. Die Sonnenbrand-Tattoo-Fans machen sich damit eigenhändig zu den Hautkrebs-Kandidaten von morgen. Ein einziger Sonnenbrand reicht da schon.

Mein Mann und ich sind uns nie einig, wie viel Sonnenschutzcreme es braucht. Er plädiert für »Ein bisschen reicht.«, ich wiederum für »Es kann nie genug sein«. Experten raten zu vier Esslöffeln Sonnencreme, die sich auf der Haut eines Erwachsenen rundherum verteilen sollten. Natürlich müssen Sie nicht mit einem Esslöffel am Strand herumhantieren. Es soll lediglich eine Vorstellung über die empfohlene Menge geben. Ein lustiges Bild, das sich soeben in meinem Kopf auftut: Der Strand an der Playa de Palma mit Abertausenden von Menschen mit Esslöffeln in der einen und der Bierflasche in der anderen Hand. …

Bleibt noch die Frage zu klären: Welche Sonnenschutzcreme? Das Angebot ist enorm. Es gibt unzählige Marken, Eigenmarken, Produkte aus dem Bio-Markt oder der Apotheke. Wir wollen in diesem Abschnitt die Frage klären, ob Naturkosmetik-Sonnenschutzcreme eine gute Wahl wäre.

RÜCKBLICK: WER HAT'S ERFUNDEN?

Jahrhundertelang galt Blässe als vornehm und waren Menschen mit gebräunter Haut verpönt. Die Elite verzog sich bei Sonnenlicht in ihre Gemächer, während die unteren Schichten auf dem Feld schuften mussten. Erst in den 1920er-Jahren änderte sich das Bild. Plötzlich wurde auch freizügigere Badebekleidung feilgeboten. Ein Aufschrei ging durch die Damenwelt, die das natürlich sofort ausprobieren wollte. Und so räkelte sich die Menschheit genüsslich up to date gekleidet in der Sonne. Dabei machten sie die Erfahrung, dass das schnell brennende Schmerzen zur Folge hat. Ein Sonnenschutzmittel musste her.

Wer das genau erfand, lässt sich nicht exakt nachvollziehen, da sich Fachleute bis heute darüber streiten. Angeblich soll ein Chemie-Student für die Erfindung verantwortlich sein. Nachdem er 1938 einen Berg bestiegen und sich dabei einen extremen Sonnenbrand geholt hatte, kreierte er für sich selbst die Lösung – und damit zufällig die Lösung für alle. Über den hochentwickelten Schutz vor UV-A- und UV-B-Strahlung wusste man damals allerdings nicht viel und erst recht nicht darüber, wie man diese Creme wasserfest kriegen sollte. Bis es so weit war, zogen noch viele Jahrzehnte Sonnenschutzmittel-Weiterentwicklung ins Land.

WAS MACHT EINE GUTE SONNENCREME AUS?

Ein hoher Lichtschutzfaktor natürlich. Bei Kindern mindestens 30, bei Erwachsenen mindestens 20. Höher geht immer. Damit die Creme ihr Werk erfolgreich tun kann, sollte der Rezeptur ein wirksamer UV-Filter beigemischt sein, denn nur dieser schützt die Haut vor den schädlichen Strahlen. Diese Filter gibt es natürlich auch in Naturkosmetik-Sonnencremes, nur funktionieren sie hier etwas anders.

WAS IST EIN UV-FILTER?

UV-Filter sind mikroskopisch kleine Partikel – eine Art chemischer Türsteher, der bei eintreffender UV-Strahlung laut »Du kommst hier nicht rein!« ruft. Man kennt diese UV-Filter auch unter dem Begriff Nano-Partikel. Die Nanos erfreuen sich keiner großen Beliebtheit, denn sie müssen unbedingt draußen, also **auf** der Haut, auf die UV-Strahlung aufpassen und dürfen sich keinesfalls heimlich Eintritt in unseren Körper verschaffen. Das täte uns auf Dauer gar nicht gut – unter anderem werden schädliche hormonelle Wirkungen diskutiert –, daher haben viele Menschen Angst vor ihnen. So mancher Experte sieht das ebenso skeptisch und traut den Nano-Partikeln nicht ganz. Die aktuelle Forschung ist sich über die kleinen Teilchen uneins, hält die Sache aber für relativ sicher. Wenn Sie es genau wissen möchten, schauen Sie auf die Rückseite des Produkts. Nano-Partikel müssen bei den Inhaltsstoffen mit angegeben werden. Hinter dem Wirkstoff steht dann in Klammern das Wort »Nano«. Gilt aber nur in Europa! Sonnenschutz mit alternativen UV-Filtern gibt es zwar auch. Diese sind aber aktuell noch sehr teuer.

Die Hersteller wissen um das Problem der Partikel und dass sie die Hautbarriere nicht durchdringen dürfen. Sie lösten die Herausforderung zunächst dergestalt logisch, dass sie die Partikel einfach groß genug in die Rezeptur mischten, damit sich ja keines davon durch unsere Poren ins Innere schummeln kann. Im Prinzip eine gute Idee, jedoch regten sich die Menschen in der praktischen Anwendung furchtbar darüber auf. Denn je größer die Partikel, desto weniger zieht der weiße Film in die Haut ein. Und wer will schon als weißer Clown am Strand umherspazieren? Eine andere Lösung musste her, damit die Hersteller weiter ihre Sonnenschutzmittel verkaufen konnten. Also machten sie die Nano-Partikel immer kleiner – für ein attraktives Äußeres am Strand. Zur besseren Vorstellung der Größe: Nano-Partikel sind zwischen 1 und 100 Nanometer breit. Ein menschliches Haar bringt es auf um die 90 000 Nanometer.

In Naturkosmetik-Sonnencremes wird in der Regel auf »große« Nano-Partikel gesetzt, die nicht in die Haut eindringen können. Meist handelt es sich dabei um Titandioxid – ein durchaus umstrittenes Mineral, das in der Naturkosmetik trotzdem verwendet werden darf. Mineralischer Sonnenschutz vollbringt sein Werk im Gegensatz zu konventionellem Sonnenschutz auf physikalischer Ebene. Er reflektiert die Sonneneinstrahlung. Je höher der Lichtschutzfaktor, desto mehr Mineralpartikel sind in der Creme und umso schwieriger wird es, sie auf die Haut aufzubringen. Stichwort Clown. Teilweise verkleinern die Hersteller daher auch im Bio-Sortiment die Nanos, damit die Creme transparenter wird und leichter aufzutragen ist. Dieses Vorgehen wird kontrovers diskutiert. Auf synthetische Hilfe – also auf Bestandteile, die beispielsweise tief in die Haut eindringen, um einen Schutz zu aktivieren – wird in der Naturkosmetik verzichtet.

MACHEN ODER LASSEN?

Unter den gegebenen Voraussetzungen: LASSEN! Die Stiftung Warentest prüft regelmäßig Sonnencremes. In einem Test aus dem Sommer 2022 gab es ein eher ernüchterndes Ergebnis[11]. Drei von vier Naturkosmetik-Produkte fielen mit der Note »mangelhaft« komplett durch. Grund: Der angegebene Lichtschutzfaktor wurde durch die eingesetzten mineralischen Filter nicht erreicht. Und das halte ich für wirklich gefährlich, wenn Verbraucher denken, sie seien ausreichend geschützt, sind es dann aber nicht. Ganz weit vorne im Test lagen dagegen die (konventionellen) Eigenmarken der Discounter.

Auch in einem neueren Test der Stiftung Warentest von Sonnencreme für Kinder schnitten Naturkosmetik-Produkte schlecht ab. Zwei fielen mit einem »mangelhaft« durch, weil sie keinen ausreichenden Schutz vor UV-A-Strahlung boten.[12]

WIMPERNSEREN

Hilfe, ich werde überrollt! Kaum dass ich TikTok oder Instagram öffne, ergießen sich massenweise Fotos oder Videos von top aussehenden Menschen über mich. Tolle Figuren, makellose Haut, lange und volle Wimpern. Die Trends der Kosmetik- und Modebranche werden heutzutage von den Social-Media-Kanälen vorgegeben. Jeder macht's dann zu Hause nach. Volle Wimpern wünscht sich bestimmt jede Frau und so mancher Mann vermutlich ebenso. Das ist nicht gerade mein Fachgebiet. Ich habe keine Erfahrung mit Wimpern. Meine sind halt da und gut is'. Ob diese nun länger oder voller sein sollten, darüber habe ich mir noch nie Gedanken gemacht. Ich finde meine Wimpern total okay.

Der Trend von aufgeklebten Wimpern ist noch nicht ganz out. Jedenfalls begegne ich noch regelmäßig Damen, deren Augen man vor lauter unechter Wimpern kaum mehr erkennen kann. Jedoch wird der Trend immer mehr abgelöst von den Wimpernseren und damit hin zu mehr Natürlichkeit. Was ist dran an den Wimpernseren? Top oder Flop?

EIN KURZER AUSFLUG IN DIE DERMATOLOGIE

Wimpernhaare wachsen am oberen und unteren Lid. Das tun sie dicht beieinander in Zweier- oder Dreierreihen. Das hat sich unser Köper nicht zum Zwecke einer schönen Optik gedacht, sondern sie sollen unsere Augen schützen. Fremdkörper wie Sand, Staub, aber auch helles Licht werden durch die Wimpern abgehalten. Sie erfüllen eine wichtige Schutzfunktion. Mein Körper schenkte mir zum Schutze dessen sehr lange Wimpern. Da bin ich ihm sehr dankbar, weil das zufällig auch ganz schön aussieht. Am oberen Augenlid befinden sich um die 150 bis 250 Härchen mit einer Länge von 8 bis 12 Millimeter – am unteren sind es deutlich weniger mit 50 bis 150 Härchen von nur sechs bis acht Millimeter Länge. Bei der Chinesin You Jianxia spielte die Natur dahingehend wahrscheinlich verrückt, denn sie hält seit 2018 den Guiness-Weltrekord mit den längsten Wimpern der Welt. Diese sind verrückte 12,4 Zentimeter lang.

Zurück zur normalen Welt der Wimpern, die vielen Frauen nicht lang genug sein können. Vielleicht mag die Nachricht so manche Person mit etwas dürftigerem Wimpernkranz beruhigen, dass zu lange Wimpern Nachteile mit sich bringen. Es geht um die Aerodynamik und das klingt jetzt erst mal lustig. Tatsächlich haben aber schon vor Jahren Untersuchungen im Windkanal gezeigt, dass sehr lange Wimpern zu weit in den Wind hinausragen und die Augen dadurch schneller austrocknen[13]. Damit kann ich hoffentlich alle Damen trösten, die sich über ihre vermeintlich zu kurzen Wimpern ärgern.

WIE FUNKTIONIERT DAS MIT DEM WIMPERNSERUM?

Früher zupften sich die Damen zu Hofe die Wimpern übrigens aus, da sie als verrucht galten. Heute dagegen sind sie ein wichtiges Schönheitsideal. Wimpernseren versprechen volle, lange Wimpern quasi über Nacht und das zu relativ günstigen Preisen. Warum der Natur nicht etwas auf die Sprünge helfen, wenn der eigene Wimpernkranz zu wünschen übrig lässt?

Wimpernseren sollen das Haarwachstum anregen und so zu mehr Volumen und Länge verhelfen. Dazu wird das Serum mit einem kleinen Pinsel täglich auf den Rand des Augenlids aufgetragen. Genau dort, wo sie wachsen. Eine kleine Menge reicht und mehr wäre auch riskant. Obwohl das Produkt so nah am Auge verwendet wird, darf nichts davon ins Auge gelangen. Die Inhaltsstoffe sind dafür geschaffen worden, für volle Wimpern zu sorgen. Für alles innerhalb des Auges sind sie nicht gedacht und sogar gefährlich.

WAS IST DRIN IM SERUM?

Panthenol und Hyaluronsäure sorgen für genügend Feuchtigkeit. Biotin (bekannt unter dem Namen Vitamin B7 oder Vitamin H) ist besonders wichtig für die Gesundheit der Haare. Je nach Produkt kann zur Gefäßerweiterung und verbesserten Nährstoffversorgung Koffein enthalten sein. Das ebenfalls enthaltene Rizinusöl wiederum gilt traditionell als Wimpernpflegestoff. Der wichtigste Stoff aber ist ein künstlich hergestelltes Gewebshormon aus der Gruppe der Prostaglandine. Mit diesem Hormonersatz wird die Wachstumsphase der Wimpern verlängert. Sie wachsen dann schneller, etwa 0,15 Millimeter am Tag. Diese Wachstumsphase dauert zwischen fünf und acht Wochen. Danach »ruhen« die Wimpern, bis sie wieder ausfallen.

WAS SPRICHT FÜR DAS WIMPERNSERUM UND WAS DAGEGEN?

Durch die hormonelle Wirkung von Prostaglandinen und verwandten Stoffen (u. a. Cloprostenol) befinden sich viel mehr Wimpern gleichzeitig in der Wachstumsphase als üblich. Dadurch wirkt der Wimpernkranz dichter. Läuft von dem Serum allerdings etwas ins Auge, kann das zu unerwünschten Nebenwirkungen führen. Besonders häufig sind Rötungen, Hornhautentzündungen, verschwommenes Sehen, tränende Augen sowie eine erhöhte Lichtempfindlichkeit. Meist sind die Nebenwirkungen vorübergehender Natur. Manche Begleiterscheinungen können aber dauerhaft bestehen bleiben, zum Beispiel eine Verfärbung der Iris. Schwangere, Stillende und Kontaktlinsenträger sollten keine hormonellen Wimpernseren nutzen.

Sachverständige für kosmetische Mittel fanden heraus, dass viele Wimpernseren nicht richtig oder gar nicht gekennzeichnet sind[14]. Die Konzentration der hormonellen Stoffe ist teilweise höher als bei verschreibungspflichtigen Augentropfen. In Schweden sind aus diesem Grund hormonelle Wimpernseren seit einigen Jahren aus den Regalen verschwunden. Kanada erlaubt generell keine Kosmetika mit Prostaglandinen. Auch in Deutschland wird vor solchen Wachstumsbeschleunigern gewarnt. Das Bundesinstitut für Risikobewertung (BfR) und das Bundesinstitut für Arzneimittel und Medizinprodukte (BfArM) setzen sich dafür ein, dass die hormonellen Wimpernseren hierzulande vom Markt genommen werden.

Schauen wir dennoch auch auf die Vorteile. Wirken die Seren überhaupt? Ja, das tun sie. Studien und Tests zeigen, dass sie bei regelmäßiger Anwendung tatsächlich die Haare verdichten und verlängern können, sofern ein Wachstumshormon enthalten ist. Damit ist auf der Positivliste schon alles gesagt.

MACHEN ODER LASSEN?

LASSEN! Prostaglandine haben Einfluss auf unseren Organismus und es gibt noch viel zu wenig Langzeitstudien, um wirklich sagen zu können, welche dauerhaften Nebenwirkungen eine regelmäßige Anwendung haben kann. Es gibt schließlich gute Gründe, warum Augentropfen mit Prostaglandinen und verwandten hormonell wirksamen Stoffen verschreibungspflichtig sind. Mich wundert es daher sehr, dass diese Stoffe in Kosmetikprodukten in Deutschland frei verkauft werden dürfen. Wer trotzdem nicht auf die Seren verzichten möchte, sollte auf natürlich wachstumsfördernde Peptide setzen. Haarstärkendes Biotin oder geschmeidig machendes Panthenol zum Beispiel. Die hormonfreien Wimpernseren lassen die Haare zwar nicht schneller wachsen, verlängern aber den Zeitpunkt bis zum Ausfall und auch dadurch wirken die Wimpern etwas voller und länger.

MUNDWASSER

Die Werbung tut alles, um uns zu vermitteln: »Frischer Atem gefällig?
Dann kauf' unser Mundwässerchen. Es beugt zudem Karies und
Parodontitis vor.« Die Farben der Mundwässer sind oft auffällig bunt.
Und natürlich will niemand mit schlechtem Atem herumlaufen. Daher wird
nach dem Zähneputzen oder gern zwischendurch das Mundwasser
genommen, um ganz sicher zu sein. Was kann ein Mundwasser
wirklich leisten und für wen ist es geeignet?

UNTERSCHIED MUNDWASSER – MUNDSPÜLUNG

Ein klassisches Mundwasser wirkt gegen Mundgeruch. Das allerdings nur kurzzeitig, ähnlich wie ein Pfefferminzbonbon oder Kaugummi. Es übertüncht den Mundgeruch quasi, ohne die Ursachen zu beseitigen. Mundspüllösungen sind im Gegensatz dazu als Ergänzung der täglichen Zahnpflege gedacht. Sie enthalten meistens kariesreduzierende Zusatzstoffe wie Fluorid. Das soll die Neubildung von Zahnbelägen erschweren. Laut Kassenärztlicher Bundesvereinigung passiert das nur, wenn mindestens 0,025 Prozent Fluorid drin ist.

WAS SPRICHT FÜR DAS MUNDWASSER ODER DIE MUNDSPÜLUNG UND WAS DAGEGEN?

Die Drogerieregale sind voll – Mundwasser und Mundspülungen in allen Varianten und Farben. Zum Mundwasser: Ja, es sorgt sehr kurzfristig für einen frischen Atem. Das war's aber auch schon, denn Mundwässer fallen unter die »Verordnung für kosmetische Mittel«. Was heißt das? Es braucht keinen Nachweis, dass sie wirken. Im Prinzip sind sie also für die Katz'.

Wir sprechen im weiteren Verlauf daher nur noch über die Mundspülungen. Diese wirken desinfizierend und beseitigen schädliche Bakterien. Das wirkt sich positiv auf die Mundflora aus. Menschen mit Zahnfleischentzündungen tun sich schwer, die Zähne so zu putzen, dass Plaque der Garaus gemacht wird. Plaque ist eine Schicht auf den Zähnen, die aus Bakterien und Anlagerungen besteht. Für Menschen mit Zahnfleischproblemen ist eine Mundspüllösung sehr hilfreich. Ich habe zu diesem Thema eine Studienauswertung von 25 Studien gefunden, in der es um die Wirksamkeit von Mundspüllösungen bei Kindern und Jugendlichen ging. Das Ergebnis: Die Kinder und Jugendlichen, die parallel zum Zähneputzen Mundwasser nutzten, bekamen weniger Karies.

Und wie sehen die Kontras aus? ÖKOTEST listete in 2021 bei einem Test der gängigen Produkte einige Nachteile auf: Bei der Nutzung von Mundspülungen kann es zu Zahnverfärbungen kommen. Einige der getesteten Produkte enthalten leider auch Stoffe, die im Verdacht stehen, mehr zu schaden als zu nutzen. Beispielsweise Konservierungsmittel oder PEG-Verbindungen als Wirkstoffträger. PEG machen unsere Haut grundsätzlich durchlässiger, nicht nur für die erwünschten Wirkstoffe. Das kann weitere Erkrankungen nach sich ziehen, wenn diese natürliche Barriere gestört ist und damit auch schädigende Stoffe leichter eindringen können. Allerdings greifen nicht alle Hersteller auf diese fragwürdigen Inhaltsstoffe zurück. Neun von 21 haben beim Test daher mit »sehr gut« abgeschnitten. Fünf Produkte fielen durch, darunter auch bekannte Markenprodukte.[15] Stiftung Warentest kam im selben Jahr zu einem ähnlichen Ergebnis. Getestet wurden insgesamt 20 Produkte, davon waren sieben empfehlenswert. Erfreulicherweise tummelten sich unter den Besten viele Discounter-Produkte.[16]

MACHEN ODER LASSEN?

Von mir gibt's ein MACHEN für die Mundspülung, wenn Sie freiliegende Zahnhälse haben, gegen Parodontitis behandelt werden, Zahnspangen tragen oder sonstige Gründe vorliegen, die eine gute Mundhygiene deutlich erschweren. Bei Kindern, die noch nicht so super klarkommen mit der Zahnbürste, könnte eine passende Mundspülung vorübergehend ein guter Kariesschutz sein.

Ein LASSEN empfehle ich für die Mundspülungen in folgenden Situationen: Bei einem gesunden Gebiss sind sie nicht notwendig. Von einer dauerhaften Anwendung raten Zahnärzte sogar ab. Sie sind in keinem Fall Ersatz für regelmäßiges Zähneputzen und das Nutzen von Zahnseide. Wer ein gutes Gefühl nach dem Essen für sich braucht, kann den Mund simpel mit etwas Wasser ausspülen, um Säuren zu neutralisieren und damit Karies zu reduzieren.

BESSER DRAUF DURCH TAGESLICHTLAMPEN?

Den November mag ich gar nicht, weil ich weiß, dass noch viel Winter vor mir liegt. Leichte Hoffnung schöpfe ich ab Anfang März und noch mehr, wenn an Ostern die ersten Tulpen zu sehen sind. Ab April geht es für mich tendenziell aufwärts. Vor allem wegen der länger werdenden Tage.

Mit diesem Problem mit der dunklen Jahreszeit bin ich nicht allein. Fachleute unterscheiden hier zwischen Winterblues und Winterdepression. Laut AOK erkranken nur ein bis zwei Prozent der Bevölkerung an einer echten Winterdepression. Sie haben über einen längeren Zeitraum ähnliche Symptome wie bei einer richtigen Depression, sind antriebslos, traurig, niedergeschlagen. Diese Symptome klingen ab dem Frühjahr von allein wieder ab[17]. Anders beim Winterblues, der viel milder verläuft. Ein bisschen mehr Rückzug, ein bisschen mehr Melancholie und Antriebslosigkeit, ansonsten aber macht das Leben schon noch Spaß. In beiden Fällen sollen angeblich Tageslichtlampen helfen. Ich bin dem nachgegangen.

WAS MACHT DAS TAGESLICHT MIT UNS?

Sehr viel! Die Augen spielen dabei eine wichtige Rolle. Forscher haben herausgefunden, dass sie Einfluss auf die Hormonsteuerung haben. Deswegen sind wir über die Wintermonate auch tendenzielle Schlafmützen. Das liegt am Melatonin, dem Schlafhormon, das bei Dunkelheit produziert wird. Ist es hell, sind dagegen die Happy-Hormone Serotonin und Cortisol am Zuge, die uns munter machen. Unsere innere Uhr tickt da sehr zuverlässig. Empfindliche Menschen spüren das bei der Zeitumstellung zweimal im Jahr erheblich. Wer in Schichten arbeiten muss, kann ebenso ein Lied davon singen. Laut Untersuchungen kann es uns krank machen, wenn die innere Uhr über längere Zeit nicht mehr im Gleichklang arbeiten darf. Sämtliche Prozesse im Körper stehen dann Kopf.

Viel Melatonin bei viel Dunkelheit im Winter bedeutet in der Folge leider auch weniger Serotonin. Denn für die Produktion von Melatonin muss unter anderem das Serotonin herhalten, das unser schlauer Körper dazu umwandelt. Das hinterlässt Spuren an unserem Glückshormonpegel. Er sackt dadurch immer mehr nach unten. Was macht unser Körper in solchen Momenten? Er signalisiert uns unbändigen Appetit auf Süßes.

Zucker sowie einige Inhaltsstoffe von Schokolade sind die Helfer in der Not für die Gehirnzellen. Mit der zuckerhaltigen Unterstützung von außen schaffen sie es, wieder für Serotoninnachschub im zentralen Nervensystem zu sorgen.

WIE VIEL LICHT BEKOMMEN WIR IM ALLTAG AB?

An einem schönen Sommertag sind das herrliche 100 000 Lux. Bei Grau in Grau im November nur 4000 Lux. Das zeigt: Die Differenz ist riesig und im Winter kommt im Vergleich einfach zu wenig Licht bei uns an, als das wir uns glücklich und wohlfühlen könnten. Wäre die Tageslichtlampe da die Lösung? Die Antwort scheint auf den ersten Blick klar, jedoch ist Licht nicht gleich Licht.

Dazu ein paar Zahlen:

- Kerze im Abstand von einem Meter: 1 Lux
- 60-Watt-Glühbirne im Abstand von einem Meter: 60 Lux
- normale Innenraumbeleuchtung: 400 bis 500 Lux, wovon jedoch nur noch 100 Lux an der Netzhaut ankommen

Es bräuchte also unzählige und sehr lang dauernde romantische Abende bei Kerzenlicht oder Festtagsbeleuchtung in der Wohnung, bis wir auf die Menge eines Sommertags kommen. Ein ausgedehnter Spaziergang draußen ist in jedem Fall besser als jedes Raumlicht. Selbst an bedeckten Wintertagen. Jedoch gibt es laut Lichtforscher Oliver Stefani auch künstliches Licht, das uns glücklich und gesund machen kann, da es immensen Einfluss auf unser Wohlbefinden hat. Zu viel kann genauso schädlich sein wie zu wenig und auf das richtige Licht zur richtigen Zeit kommt es obendrein an.

WIE FUNKTIONIERT DIE TAGESLICHTLAMPE?

Sie sollen unser Wohlbefinden in der lichtarmen Jahreszeit steigern. Wir bezahlen zwischen 30 und 40 Euro und schon wird die gute Laune angekurbelt. In ihrer Größe und Form unterscheiden sich die Lampen. Manche sind großflächig, die anderen organisch geformt und für Designliebhaber gibt es sie auch als Nachahmung einer Skulptur. Wichtig ist, dass die Lampen mindestens 2500, idealerweise 10 000 Lux schaffen. Experten empfehlen eine Tageslichtlampe mit mindestens 10 000 Lux.

Wir setzen uns im Abstand von etwa einem halben Meter davor – bei einer Lux-starken Lampe, ansonsten näher – und genießen (mindestens) 30 Minuten das Tageslicht aus der Lampe – mit geöffneten Augen! Das funktioniert am besten mit Tageslichtlampen, die eine größere Lichtfläche haben. Nebenbei können wir Zeitung oder ein Buch lesen, Frühstücken oder Sudokus lösen. Die abgestrahlte Lichtfarbe ist vergleichbar mit der Mittagssonne eines klaren Frühlings-, Sommer- oder Herbsttages (5000 bis 6000 Calvin). Ein UV-Filter sorgt dafür, dass nur das auf unserer Netzhaut und im Gesicht landet, was dort bedenkenlos ankommen soll.

WAS SPRICHT FÜR DIE TAGESLICHTLAMPE UND WAS DAGEGEN?

Eine übermäßige Exposition gegenüber Licht, sei es natürlich oder künstlich, hat negative Auswirkungen auf die Produktion von Melatonin und stört somit unsere natürlichen Schlafmuster, was zu Problemen beim Einschlafen führen kann. Neben seiner Rolle bei der Regulation des Schlafes hat Melatonin auch andere wichtige Funktionen im Körper. Es senkt z. B. den Blutdruck und kann damit einen Beitrag zur Herzgesundheit leisten. Wenn wir zu viel Licht ausgesetzt sind, kann dies sich negativ auf unser Herz auswirken und uns nachts wach halten, was langfristig negative Auswirkungen haben kann. Deshalb Tageslichtlampen nicht am Abend vor dem Einschlafen nutzen.

Und wie sieht es mit den wirklichen Nachteilen aus? Ich habe tatsächlich keine gefunden. Lediglich ein Hinweis: Menschen, die Antidepressiva oder Johanniskraut einnehmen, sollten vor der Anwendung vorsichtshalber mit ihrem Arzt sprechen. Die Wirkung mancher Medikamente kann nämlich durch das Licht verstärkt werden.

Auch mit einer Tageslichtlampe werden wir zwar nicht auf die wunderbaren 100 000 Lux an einem Sonnentag im Juni kommen. Immerhin aber stockt es die mageren 4000 Lux im Winter erheblich auf. Und das ist besser als nichts. Ein weiteres schlagkräftiges Argument ist die Lebensdauer einer Tageslichtlampe. Eine solche Lampe bringt es auf locker 5000 Stunden, bevor ihr endgültig das Licht ausgeht. Das entspricht einer Lebensdauer von ungefähr 10 Jahren.

MACHEN ODER LASSEN?

Go for it: MACHEN! Studien belegen den Erfolg der Tageslichtlampen, der sich schnell einstellt.[18] Nebenwirkungen gibt es keine. Ich würde in jedem Fall eine Tageslichtlampe mit 10 000 Lux empfehlen. Ansonsten wird der Weg zum Happyfeeling langwierig.

PROBLEME BEIM EINSCHLAFEN – NACHHELFEN ODER LIEBER NICHT?

Da guter Schlaf so wichtig ist, bleiben wir noch eine Runde bei diesem Thema und switchen von den Meditations-Apps zu Hilfsmitteln, die man einnehmen kann. Fast jeder zweite Erwachsene in Deutschland liegt um 23 Uhr im Bett. Ein weiteres Drittel folgt bis Mitternacht. Ich gehöre zu den Bis-23-Uhr-Kandidaten. Spontan kommt mir gerade eine TV-Werbung in den Sinn, in der eine junge Dame beschwingt durch die Stadt läuft, sich im Schaufenster betrachtet und von einem sehr gut aussehenden Herrn angelächelt wird. Nach der Begegnung erzählt sie stolz in die Kamera, dass sie ihr gutes Aussehen nicht ihren Kosmetikprodukten zu verdanken hätte, sondern ihrem Einschlafspray, mithilfe dessen sie ausreichend Schönheitsschlaf bekomme. Sprays sind die harmlose Variante, beim Einschlafen nachzuhelfen, im Vergleich zu richtigen Schlafmitteln.

Fast zwei Millionen Deutsche greifen regelmäßig zur knallharten Einschlafpille. Das sollte zu denken geben, denn diese Art der Schlafmittel führt schnell in die Abhängigkeit, von weiteren Nebenwirkungen ganz zu schweigen. In einem Selbstversuch probierte ich eine solche Pille. Ja, ich schlief schneller ein und besser durch. Der Tag danach aber war schrecklich. Ich fühlte mich komplett neben der Spur. Das Medikament war frei erhältlich. Ich möchte gar nicht wissen, welche Hämmer dann die sind, die es nur auf Rezept gibt.

WAS SIND VERSCHREIBUNGSPFLICHTIGE SCHLAFMITTEL?

Dazu gehören die Benzodiazepine und die sogenannten Z-Substanzen. Die Letztgenannten sind daran zu erkennen, dass der enthaltene Wirkstoff (nicht der Produktname!) mit »Z« beginnt. Sie werden im Körper schneller abgebaut als Benzodiazepine. Beide haben erhebliche Nebenwirkungen und machen schon nach nur zwei Wochen Einnahme abhängig. Besser also, man lässt hiervon die Finger. Aber welche Alternativen gibt es?

WAS IST EINE MELATONIN-EINSCHLAFHILFE?

Die Zirbeldrüse in unserem Gehirn produziert das Schlafhormon Melatonin. Sobald es dunkel wird, wird die Zirbeldrüse munter und dreht kräftig am Hormonrad. Das funktioniert nicht mehr ganz so gut, wenn wir älter werden und auch nicht bei Stress. Übermäßiger Genuss von Koffein, Alkohol oder Nikotin, verschiedene Medikamente oder Sport am Abend senken den Melatoninspiegel auch. Wir brauchen Melatonin aber zum Schlafen, daher wälzen wir uns in oben genannten Fällen nachts quer durch unsere Betten, ohne ein Auge zuzumachen. Oder das Einschlafen dauert einfach ewig.

Wenn dieses Hormon Melatonin sowieso ein körpereigenes ist, könnten wir es uns doch simpel per Spray, Gummibärchen, Tee oder anderweitig verabreichen und der Drüse in unserem Gehirn damit Beine machen. Problem gelöst! So einfach ist es leider nicht, zumal bei den freiverkäuflichen Medikamenten die Dosierung das Problem ist. Für eine gute Wirkung müssten diese deutlich mehr Melatonin enthalten. In Nahrungsergänzungsmitteln dürfen Wirkstoffe aber nur sehr niedrig dosiert sein, sonst würden sie unter die Medizinprodukte fallen. Es ist also lediglich ein Hauch Melatonin enthalten und diese Minimenge ist nach einer Stunde schon wieder abgebaut. Das geht beim körpereigenen Melatonin übrigens genauso schnell. Ob es als Einschlafhilfe tatsächlich funktioniert, hängt am Ende nicht nur von der Dosierung, sondern auch von der eigenen Einstellung ab. Stiftung Warentest rät in ihrem Test von 2018 von allen getesteten freiverkäuflichen Melatonin-Produkten eher ab.

Es existiert lediglich **ein** verschreibungspflichtiges Melatonin-Medikament auf dem Markt. Interessanterweise darf dieses ausschließlich an Personen ab 55 Jahren verschrieben und nicht längerfristig eingenommen werden. Die Pille gibt das Melatonin langsam über mehrere Stunden hinweg ab. Das hilft daher nicht nur beim Ein-, sondern auch beim Durchschlafen.

WELCHE PFLANZLICHEN SCHLAFMITTEL GIBT ES?

Außer den Melatoninprodukten locken viele andere freiverkäufliche Mittelchen, die beim Einschlafen helfen sollen. Baldrian, Hopfen, Melisse, Passionsblume beispielsweise. Es gibt sie als Tropfen, Tees, Tabletten.

GIBT ES NOCH ANDERE ANWENDUNGEN, UM BESSER EINZUSCHLAFEN?

Was bei den Kindern das Schlaflied ist, ist bei Erwachsenen die Rotlichtlampe. Rotes Licht – 90 Minuten vor dem Schlafengehen angewendet – kann zu einem gesünderen

Schlaf beitragen. Der positive Effekt geht auf die Infrarotstrahlen zurück. Diese bestehen aus Photonen und dringen bis in unsere Zellen ein. Und dort bewirken sie Gutes. Unter anderem sollen sie einen positiven Einfluss auf den Melatoninspiegel haben. 10 bis 15 Minuten reichen, mehr wäre schädlich. Und immer schön mit Schutzbrille, da die Infrarotstrahlen für die Augen schädlich sind![19]

WAS SPRICHT FÜR EIN SCHLAFMITTEL UND WAS DAGEGEN?

- Bei den verschreibungspflichtigen Medikamenten unbedingt Vorsicht! Die Gefahr einer Abhängigkeit ist zu groß. Dennoch werden diese Mittel großzügig verschrieben oder bei einem Krankenhausaufenthalt bereitwillig verabreicht.
- Bei der pflanzlichen Alternative existieren keine aussagekräftigen Studien für eine nachgewiesene Wirkung. Und sie können ebenso Nebenwirkungen haben. Bauchkrämpfe und Übelkeit sind die gängigsten.
- Kommen wir zum Melatonin. Die Studienlage dazu ist dürftig. In 2016 wurde eine Verkürzung der Einschlafzeit von 10 bis 20 Minuten bestätigt. Das ist nicht viel und wenn man bedenkt, dass das Hormon innerhalb einer Stunde wieder abgebaut ist, bleibt die Einnahme fraglich, die übrigens auch zu leichten Nebenwirkungen führen kann. Ein Schlafmediziner der Berliner Charité sagt, dass gerade bei jungen Menschen die Zugabe von Melatonin in 90 Prozent der Fälle gar nichts bewirkt! Und wenn doch, sei das ein reiner Placeboeffekt.
- Stiftung Warentest hat 2021 bewertet, welche rezeptfreien Schlafmittel geeignet sind und welche nicht.[20]

MACHEN ODER LASSEN?

Zu Melatonin sage ich LASSEN! Die Studienlage dazu ist sehr dünn, die Wirksamkeit fraglich. Gleiches bei den pflanzlichen Schlafmitteln. Das Geld kann man sich sparen und lieber schauen, inwieweit der eigene Lebensstil die Schlafprobleme verursacht. Üppiges Essen am Abend, zu viel Digital-Gedaddel, Einschlafen vor dem Fernseher, schlechtes Raumklima wären schnell und unkompliziert veränderbar. Den eigenen Stressoren auf die Spur zu kommen, ist wiederum etwas aufwändiger, aber lohnend. Eine Stunde Yoga oder Meditation am Abend halte ich für die bessere Alternative, anstatt nach einer oralen Einschlafhilfe aus der Apotheke oder dem Discounter zu greifen.

BESSER EINSCHLAFEN DANK MEDITATIONS-APP?

Mein Körper hat noch nicht mitbekommen, dass Schlafenszeit ist.
Von Melatonin keine Spur, obwohl der Rollladen unten ist und ich die
Augen geschlossen habe. Ich liege hundemüde im Bett, fühle mich aber
gleichzeitig auch aufgekratzt. Mein Gehirn kommt parallel auf die Idee,
nochmal das Meeting von heute und meine bevorstehenden Aufgaben für
morgen haarklein durchkauen zu wollen. Also Licht wieder an, Handy zur
Hand genommen und die Meditations-App heruntergeladen. Solche Apps
sollen bei derlei Problemen helfen. »Schließe deine Augen – hole tief Luft –
lass die Luft kurz im Körper und spüre in dich hinein ...«, säuselt mir eine
angenehme Stimme kurze Zeit später ins Ohr. Noch bin ich skeptisch, dass
ausgerechnet das Gerät, das mir im Alltag den meisten Stress verursacht,
diesen in Luft auflösen und mich in den Schlaf wiegen soll. Dabei hatte ich
mir fest vorgenommen, es weniger zu nutzen. Das Ding klebt förmlich an
meinen Händen. Das Erste, das ich morgens mache: Handycheck!
Das Letzte, das ich abends mache: Handycheck! Dazwischen Hunderte
von Checks: Mails, Whatsapp, Insta & Co. Ich kann mich kaum dagegen
wehren. Nun gut, wenn's hilft, dann halt auch zum Einschlafen.
Funktioniert das aber wirklich?

WAS IST MEDITATION?

Nicht nur ich habe ein Problem mit Stress. Unser aller Leben besteht scheinbar nur
aus Stress. Hohe Anforderungen im Beruf, hohe Anforderungen zu Hause, gute Eltern
sein wollen, gleichzeitig gute Ehepartner und sich selbst immer weiter anpeitschen im
Höher-Schneller-Weiter-Modus. Meditation lenkt die Aufmerksamkeit von außen nach
innen. Es ist eine Übung des Geistes, die uns in die Ruhe bringt. In asiatischen Reli-
gionen wie dem Buddhismus und Hinduismus spielt Meditation immer schon eine
große Rolle und dass sie guttut, ist unbestrittener Fakt. Es gibt viele Untersuchungen,
die das bestätigen. Und auch im islamischen Sufismus sowie in christlichen westlichen
Kulturen und Traditionen wird schon seit mindestens einem Jahrtausend meditiert.

Für Anfänger oder Menschen wie mich, die nonstop unter Strom stehen, ist eine
Schritt-für-Schritt-Anleitung per App hilfreich. Für mich ist Meditation dennoch eine

echte Herausforderung. Da ich kein neutraler Maßstab in der Sache bin, habe ich nachgeschaut, was neutrale Quellen zu den Meditations-Apps sagen.

WAS SPRICHT FÜR EINE MEDITATIONS-APP UND WAS DAGEGEN?

Genau hinschauen lohnt sich. Manche Apps taugen nichts. Zu dem Ergebnis kamen auch Stiftung Warentest und ÖKOTEST 2021. Von zehn getesteten Apps erhielten nur zwei ein »gut«, viele andere fielen durch. Am meisten wurde bemängelt, dass die Wirksamkeit der durchgeführten Übungen nicht durch Studien belegt ist. Die Anbieter konnten da nichts Entsprechendes nachweisen.

Für die Apps spricht generell, dass sie Anfänger dabei unterstützen, Meditationen regelmäßig im Alltag zu integrieren. Bis Gewohnheiten neu implementiert sind, dauert es. Das Gehirn zeigt sich da überwiegend faul und eigenwillig. Die Apps wirken dem entgegen, indem sie Nutzer mit einem sinngemäßen »Hey, Zeit für deine Meditation« daran erinnern. Die Schwelle zum Ausprobieren ist zudem niedrig, da sie innerhalb von Sekunden aufs Smartphone geladen und vergleichsweise günstig sind. Das mag so manchen auf positive Weise dazu verleiten, die Achtsamkeit in den Alltag zu holen. Sich dagegen in der realen Welt die Zeit zu nehmen, sich bei einem Kurs anzumelden und wöchentlich zu einem Termin zu fahren, schreckt viele Menschen ab.

Schaden können solche Apps also grundsätzlich nicht. Wenn Anfänger etwas falsch machen, passiert nichts, außer dass der Erfolg ausbleibt. Mit diesem Frust muss dann jeder selbst klarkommen. Psychisch labile Menschen sollten sich deswegen lieber eine Ansprechpartnerin/einen Ansprechpartner suchen und ins 1:1 gehen. Die Apps können dennoch begleitend eingesetzt werden.

MACHEN ODER LASSEN?

Gerne MACHEN! Meditations-Apps können begleitend gut dabei helfen, Stress zu reduzieren – wenn Sie die richtige App auswählen und sich ernsthaft darauf einlassen. Viele Menschen berichten, dass sie nach einigen Wochen regelmäßiger Anwendung deutlich entspannter und achtsamer wurden, dass sie stressige Situationen nicht mehr so aus der Bahn werfen und sie besser mit negativen Emotionen umgehen können. Übrigens: Einige Krankenkassen bezahlen sogar einen Teil der App-Gebühr oder bieten eigene Meditationskurse an.

SCHÜTZEN BLAULICHTFILTER
UNSERE AUGEN?

Es soll Menschen geben, die gehen tatsächlich mit Smartphone oder Tablet ins Bett. Ich gehöre dazu. Noch schnell die Mails checken oder zur Entspannung einen Film auf dem Tablet schauen, die Zeitung online lesen. Dass das mit dem digitalen Lesen und Streamingvergnügen im Bett keine so gute Idee ist, merke ich anschaulich. Mein Körper kommt gänzlich durcheinander. Tag oder Nacht? Wach sein oder schlafen? Was jetzt? Schuld daran ist das blaue Licht, das von diesen Geräten ausgeht.

Im elektromagnetischen Spektrum liegt blaues Licht im Wellenlängenbereich von 380 bis 500 Nanometer und gehört somit zum sichtbaren Teil des Lichts, dem wir täglich ausgesetzt sind. Es ist überall, sei es in natürlicher Form als Sonnenlicht oder in künstlichem Licht, das von LED-Lampen oder Bildschirmen (wie Smartphones, Tablets, Computer und Fernseher) emittiert wird.

Blaues Licht hat dabei durchaus positive Auswirkungen auf unseren Körper. Es spielt eine wichtige Rolle bei der Regulation unseres Bio-Rhythmus und unserer biologischen Uhr. Das natürliche blaue Licht der Sonne wird vom Körper genutzt, um den Unterschied zwischen Tag und Nacht wahrzunehmen und unseren Schlaf-Wach-Rhythmus zu steuern. Die Wahrnehmung von blauem Licht mit einer Wellenlänge von etwa 490 Nanometer wirkt aktivierend und bremsend auf die Produktion des Schlafhormons Melatonin. Es unterstützt uns dabei, tagsüber wach und energiegeladen zu sein, während es – sobald es fehlt oder reduziert wird – das Einschlafen und die Schlafqualität in der Nacht erleichtert.[21] Daher ist es wichtig, das Gleichgewicht unserer Blaulicht-Exposition zu verstehen und gegebenenfalls entsprechende Maßnahmen zu ergreifen, um eine gesunde Balance zu gewährleisten.

Blaulicht kommt wie gesagt auch im normalen Tageslicht vor. Und da macht es ja Sinn; es ist Tag und wir sollen wach sein! Abends beziehungsweise nachts soll die Zirbeldrüse ausreichend schlafförderndes Melatonin produzieren. Das tut sie bei Bildschirmnutzung jedoch nicht, denn sie fühlt sich durch das blaue Licht, das von den Geräten ausgeht, veräppelt. Vor ungefähr zwei Jahren traf ich in einer Talkshow einen Experten, der sich damit auskennt. Was er berichtete, stimmte mich nachdenklich. Schon erschreckend, wenn man die scheinbar harmlosen eigenen Verhaltensweisen in ihren Folgen fachlich erklärt bekommt. Seitdem überlege ich zweimal, wen oder was ich nachts mit in mein Bett lasse. Zumal wir alle bereits den ganzen Tag über auf den Bildschirm unseres Rechners, Laptops, Tablets oder Smartphones schauen. Teils zum Arbeiten, viel zu häufig aber einfach so zum Checken, was es Neues gibt in der Social-Media-Welt oder auf Whatsapp. Können Blaulichtfilter helfen, uns vor der täglichen Überdosis Blaulicht zu schützen?

IN WELCHER FORM GIBT ES DIE BLAULICHTFILTER?

- Möglichkeit 1: Blaulichtfilter-Brillen, erhältlich sogar in der gewünschten Sehstärke. Eine spezielle Beschichtung auf den Gläsern filtert das blaue Licht heraus. Die Brille kann – wie jede andere auch – ganz normal getragen werden. Dadurch nehmen wir weniger blaues Licht auf, wenn wir auch abends noch arbeiten oder mal wieder stundenlang im Bett TikTok-Videos schauen.
- Möglichkeit 2: Blaulichtfilter-Folien, die auf den Bildschirm aufgebracht werden. Das macht Sinn bei all den Geräten, die gern noch abends oder nachts genutzt werden.
- Möglichkeit 3: Den »Abend- oder Nachtmodus« auf digitalen Endgeräten aktivieren. Er reduziert den Anteil an blauem Licht im Display.

WAS SPRICHT FÜR EINEN BLAULICHTFILTER UND WAS DAGEGEN?

Zumindest filtern sie einen Teil des blauen Lichts, wir bekommen also sehr viel weniger davon ab. Darüber freuen sich unsere Augen sehr. Untersuchungen zeigen, dass zu viel Blaulichtbestrahlung neben dem Problem mit der ausgebremsten Melatoninproduktion auch die Netzhaut schädigen kann. Während UV-Strahlung nämlich von der Hornhaut und der Linse des Auges weitestgehend absorbiert wird, die ja der Netzhaut weit vorgelagert sind, kommt Blaulicht nahezu ungefiltert an dieser an. Die blausensiblen Lichtrezeptoren dort heißen das zunächst willkommen, sind dann mit dem energiereichen Licht aber heillos überfordert. Sie können nicht mehr ausreichend regeneriert werden. Das überstehen die Sinneszellen und die Netzhaut, in die sie eingebettet sind, langfristig nicht ohne Schäden. Eine mögliche Folge: Makuladegeneration, eine Erkrankung, die eigentlich erst im fortgeschrittenen Alter auftritt, durch zunehmende Blaulichtexposition jedoch heute auch bereits in jungen Jahren auftreten kann. Hierbei handelt es sich um den Funktionsverlust der Sehzellen in der sensibelsten Sehregion der Netzhaut.[22]

Weniger Blaulicht abzubekommen durch das Abblocken mit einer Blaulichtfilter-Brille oder durch eine entsprechende Folie bedeutet, nachts besser zu schlafen. Weil wir wieder in einen Schlaf-Wach-Rhythmus zurückfinden, der Schlaf überhaupt möglich macht. Auf der anderen Seite wird dieser nicht mehr natürlich, sondern fremdgesteuert. Ob das im Umkehrschluss zu 100 Prozent gesund ist, bleibt fraglich. Die Brille oder Folie verfälscht außerdem die Farbwahrnehmung, wenn man sie den ganzen Tag nutzt. Damit kommt nicht jeder gleich gut zurecht.

Obwohl einige Studien auf die Vorteile der Verwendung von Blaulichtfiltern hinweisen, ist die wissenschaftliche Evidenz für deren Wirksamkeit begrenzt. Weitere Forschung ist nötig, um die langfristigen Auswirkungen von Blaulichtfiltern auf die Augen und den Schlaf-Wach-Zyklus zu untersuchen. Stephan Degle, Leiter des Instituts für Augenoptik an der Ernst-Abbe-Hochschule in Jena, hat eine klare Meinung zu den Blaulichtfilter-Brillen. Er hält sie nur dann für hilfreich, wenn sie eine wesentlich stärkere Filterleistung erbringen. Das wäre technisch gut machbar, hätte jedoch optische Folgen, denn dafür bräuchte es gelbe oder orangefarbene Gläser. Wenn die Menschen künftig mit auffälligen gelben Brillen beim Meeting erscheinen, wissen wir ergo: Die sind nicht auf dem Weg zur Skipiste, sondern möchten ihren Augen Gutes tun.

MACHEN ODER LASSEN?

Alles zusammengefasst, spricht nichts dagegen, Blaulichtfilter zu verwenden, also MACHEN! Nach aktueller Lage besteht hier kein Risiko für die Augen. Viel besser ist es aber trotzdem, Bildschirmzeiten zu reduzieren. Wer im Job regelmäßig am Bildschirm arbeitet, sollte Pausen einlegen. Das ist sogar gesetzlich vorgeschrieben. Und die meisten neuen Geräte an Smartphones bieten über entsprechende Einstellungen, dass wir an Pausen erinnert werden. Wer noch mehr »Druck« braucht: Es können teilweise sogar Sperrzeiten eingerichtet werden. Das Smartphone lässt sich nach dem Ablauf der vorher festgelegten Zeiten nicht mehr nutzen bzw. geht in einen vorübergehenden Ruhemodus. Übrigens: Wer abends im Bett noch mit dem eBook-Reader liest, setzt sich in diesem Falle keinem blauen Licht aus.

BLEACHING: HABEN WEIßERE ZÄHNE EINE SCHATTENSEITE?

Ich habe es schon getan. Sogar mehrfach! Viel gebracht hat es allerdings nicht. Man sagte mir, das läge an meiner Zahnstruktur (was auch immer das bedeuten mag). Bleaching gibt's beim Zahnarzt, in speziellen Studios und darüber hinaus für die Eigenanwendung zu Hause. Inzwischen werben auch viele Zahnpasta-Hersteller damit, dass ihre Produkte Zähne nicht nur blitzblank putzen, sondern gleichzeitig aufhellen. Das ist für eine Menge Menschen wichtig, da makellose und schöne weiße Zähne für Erfolg stehen. Ob das immer und für jeden sinnvoll oder gar schädlich ist? Ich gehe der Sache auf den Grund.

WAS PASSIERT BEIM BLEACHING?

Bleaching ist ein chemischer Prozess. Damit er stattfinden kann, braucht es ein Bleichmittel, meistens Wasserstoffperoxid. Dasselbe Bleichmittel färbt dunkle Haare blond. In mir kommen ungute Gefühle bei dem Gedanken auf, dass mir genau dieses Zeugs, das Haare hell färben kann, auf die Zähne geschmiert wird. Dieses Peroxid verschafft sich Zutritt in den Zahnschmelz. Freiwerdende Radikale reagieren darauf so vehement, dass sie die auf den Zähnen sitzenden verfärbenden Moleküle farblos zaubern. Die Zähne werden hell.

Das Schulfach Chemie war mir früher suspekt. Mir wurde mulmig bei dem, was passiert, wenn diverse Stoffe sich vereinen und es im Raum deswegen zischte, qualmte oder knallte. Dasselbe mulmige Gefühl beschleicht mich beim Bleaching. Greift das womöglich die Zähne an? Welche Gefahren lauern sonst? Bevor ich das abschließend auch für Sie kläre, möchte ich zuerst die verschiedenen Möglichkeiten des Bleachings unter die Lupe nehmen.

WAS SPRICHT FÜR DAS BLEACHING UND WAS DAGEGEN?

Dafür müssen wir die verschiedenen Möglichkeiten näher betrachten. Grundsätzlich findet überall derselbe chemische Prozess statt. Es gibt trotzdem große Unterschiede zwischen Home-Bleaching und dem Bleaching beim Zahnarzt. Die Selfmade-Varianten aus der Drogerie und Apotheke sind Lacke oder Folien mit niedrig konzentrierten Peroxiden. Sie kosten zwischen 30 und 60 Euro – haben allerdings einige Nachteile:

1. Die Folien sind manchmal zu kurz, reichen nur für die Frontzähne oder passen sich schlecht den anatomischen Gegebenheiten an.
2. Die Zahnzwischenräume werden nicht gut erreicht.
3. Es besteht kein ausreichender Schutz für das Zahnfleisch.

Einige Bleaching-Gele werden ausschließlich über Zahnarztpraxen vertrieben. Zur Anwendung ist eine individuell angefertigte Schiene nötig. Das Zahnfleisch wird dabei besser geschützt. Die Konzentration an Peroxiden ist höher, der Effekt besser, kommt aber auf 400 Euro, da eine andere Liga als die Produkte aus der Apotheke. Die Champions League ist das Bleaching beim Zahnarzt. Dauer: etwa eine Stunde. Kosten: 400 bis 800 Euro plus die Kosten einer professionellen Zahnreinigung im Vorfeld, die Experten für ein optimales Ergebnis empfehlen. Danach verlassen Sie mit einem strahlend weißen Lächeln die Praxis. Je nach Lebenswandel hält das 6 bis 24 Monate an.

- **Fassen wir die Pros nochmal zusammen – unabhängig von der Methode:** Verfärbungen durch Tee, Rotwein, Kaffee oder Zigaretten zeigen sich gegenüber der herkömmlichen Zahnpflege und professionellen Zahnreinigung teils hartnäckig. Das Bleaching macht den Verunreinigungen Beine, jedoch nicht immer konsequent genug. Die meisten Mittel sind heutzutage allergiefreundlich, Reaktionen also selten zu erwarten.
- **Und hier die Zusammenfassung der Kontras:** Ich halte es für bedenklich, gesunde Zähne nur aus kosmetischen Gründen einer Chemikalie auszusetzen, denn zur Zahngesundheit trägt das Bleaching nicht bei. Es kann die Zähne – insbesondere die Zahnhälse – sogar vorübergehend überempfindlich machen. Gerade bei den Home-Varianten wird häufig außerdem das Zahnfleisch angegriffen. Erwähnte Verfärbungen lösen sich mitunter ungleichmäßig. Ein Freund von mir hatte nach der Anwendung unschöne weiße Flecken auf den Frontzähnen. Ähnliche Effekte können Zahnfüllungen oder der Zahnersatz habe, die ihre Farbe trotz Bleaching beibehalten. Der Austausch von Füllungen oder Kronen in der neuen Farbe wäre zwar möglich, ist aber mit viel Mühe und Kosten verbunden.

Zudem ist der eingangs erwähnte Punkt mit der Zahnstruktur zu beachten, denn: Nicht jede ist für ein Bleaching gleich gut geeignet.

MACHEN ODER LASSEN?

Eindeutig LASSEN! Gönnen Sie sich lieber eine gute Zahnpflege und regelmäßige professionelle Zahnreinigung. Wenn Sie dennoch Bleachen möchten, dann nur bei Ihrer Zahnärztin/Ihrem Zahnarzt. Und fallen Sie nicht auf die unsäglichen Tipps auf den Social-Media-Kanälen herein. Hier wird viel erzählt. Das meiste davon ist Unfug. Und unbedingt Finger weg von den sogenannten Hausmitteln wie Zitronensaft oder Salz. Die zerstören den Zahnschmelz.

ZAHNSCHIENEN – EIN STRAHLENDES LÄCHELN IN WENIGEN WOCHEN?

Außer, dass sie strahlend weiß aussehen sollen, wäre eine
ansehnliche Form unserer Zahnreihen wünschenswert.
Die Deutschen stehen auf ein ästhetisches Gebiss.
Was jedoch schön ist und was eher weniger,
darüber lässt sich streiten. Zu akkurat ist ja auch wieder nichts.
Wie schief oder gerade dürfen unsere Zähne also sein?

Natürlich gibt es auch hier windige Unternehmen, die diese Marktlücke für sich entdeckt haben. Sie bieten ein Selfmade-Kit für das heiß ersehnte Traumlächeln. Ganz
ohne Zahnarztbesuch! Und so betrachten sich eine Vielzahl Erwachsener, die sich während ihrer Kindheit nicht durch die harte Zahnspangen-Phase quälen mussten, noch
skeptischer im Spiegel. Soll ich oder nicht? Ein bisschen gerader oder nicht? Eine Menge
Leute lässt sich von den Versprechen des Do-it-yourself-Kits für formschöne Beißerchen
verführen. Scrolle ich durch Instagram oder TikTok, soll das mit dem Zahn-gerade-
Bastelset schnell und schmerzlos funktionieren. Die Kosten sind machbar. Und ja, ich
hab's auch getan. Das ist jetzt 10 Jahre her und leider ist nichts mehr davon zu sehen.
Daran bin ich aber selbst schuld.

WIE FUNKTIONIERT DIE ZAHNKORREKTUR MIT SCHIENEN AUS DEM NETZ?

Die durchsichtigen Zahnschienen aus dem Internet, sogenannte Aligner, gibt es schon
seit über 20 Jahren. Ein US-Unternehmen brachte sie 1997 auf den Markt. Vor einigen
Jahren liefen die Patente dazu aus. Nun sind Zahnschienen-Goldgräber in Form von
zahlreichen Start-ups überall auf der Welt unterwegs. Wenn das Päckchen einer dieser
Firmen in unserem Briefkasten landet, ist das fast wie Weihnachten. Einige Tiegel Silikonmasse, Abdrucklöffel und Gummihandschuhe später kann's losgehen. Damit wird
klar, warum manche Angebote so günstig sind: Die Anwender sollen sich die Abdrücke
selbst anfertigen. Normalerweise tut das die Zahnarzthelferin in der Praxis, die sich
damit auskennt. Im Selbstverfahren gleicht das einem Abenteuer. Die Stoppuhr spielt
dabei eine große Rolle. Beim Anmischen der Silikonmasse darf nicht zu viel Zeit ver-
gehen, sonst bekommt man sie nicht mehr auf die Abdrucklöffel. Dann schnell rein
damit in den Mund und wieder die Stoppuhr gut im Auge behalten. Zu früh heraus-

nehmen würde bedeuten: Das Ergebnis ist futsch. Zu spät herausnehmen könnte anstrengend werden. Wer es trotz der Widrigkeiten geschafft hat, stellt oft resigniert fest, dass die hintersten Backenzähne auf dem Abdruck fehlen, weil die Schiene zu klein oder zu wenig Masse auf den Löffeln war. Andere Anbieter haben mehr Nachsicht mit den Anwendern. Sie schicken die Menschen in eine Partner-Zahnarztpraxis, die das Startschuss-Prozedere übernimmt.

Kurze Zeit später trudeln die ersten Schienen per Post ein. Wieder ein emotionales Weihnachtsfest beim Auspacken. Dieses Mal mit etwas mehr Herzklopfen, denn nun geht's wirklich los. Im Abosystem werden Monat für Monat neue Schienen geliefert, die die Zähne in die gewünschte Richtung schieben sollen. Während des gesamten Behandlungszeitraums müssen regelmäßig Fotos der Zähne auf eine App geladen und zum Anbieter geschickt werden. Ein Zahnarzt würde sich die anschauen, heißt es.

3 bis 12 Monate dauert es dann, bis die Zähne gerade sind, bei Kosten ab 1800 Euro. Ich selbst habe beim damaligen Marktführer 6000 Euro bezahlt.

WAS SPRICHT FÜR DIE ZAHNSCHIENEN AUS DEM INTERNET UND WAS DAGEGEN?

Gegen die Angebote mit Abdrücken im Selfmade-Verfahren spricht zu 100 Prozent alles. Das kann nur schiefgehen. Wer Spaß an Russisch Roulette hat, kann's natürlich ausprobieren. Ein weiteres Kontra ist die fehlende Begleitung durch die Fachleute an sich: die Kieferorthopäd*innen. Eine Zahnkorrektur ist ein großer Eingriff. Nach meiner Recherche warnen sämtliche Experten davor, das Ganze ohne einen Ansprechpartner vor Ort anzugehen. Ich bezweifle stark, dass die eingeschickten Fotos per App aussagekräftig genug sind. Wie Zähne (vermutlich) reagieren während des Korrekturprozesses, lässt sich per Computersimulation zwar in etwa vorherbestimmen. Wie der Verlauf tatsächlich sein wird, kann niemand mit absoluter Gewissheit voraussagen. Vielleicht schauen die Anbieter ja aber auch in eine Glaskugel.

Zum Essen können die Schienen herausgenommen werden, jedoch müssen sie jeden Tag mindestens 22 Stunden getragen werden, wenn aus den schiefen Zähnen gerade werden sollen. Es braucht also Disziplin – auch in der Nachsorge. Die habe ich schleifen lassen. Meine Zähne nutzten die Chance und wanderten klammheimlich wieder in ihre vorherige Position.

Zur Nachbehandlung gibt es zwei Optionen. Erstens: einen Retainer – das ist ein Draht, der hinter die Zähne geklebt wird. Zweitens: eine Nachtschiene. Für beide Möglichkeiten gilt das Urteil lebenslang!

Geringfügige Fehlstellungen lassen sich (rein technisch gesehen) mit den Schienen für zu Hause beseitigen. Wenn alles gut läuft. Größere Anomalien gehören in jedem Fall in die Hände eines Kieferorthopäden. Inwieweit die Abdrücke nebst eingesandten Fotos eine zweifelsfreie Aussage über den Schweregrad der Fehlstellung zulassen, lasse ich mal offen. Je einfacher die Behandlung in der Werbung dargestellt wird, umso größer sind die Gewinne in der Goldgrube der Zahnschienenanbieter. Aus diesem Grunde wird alles easy going argumentiert. Ist es aber nicht. Es handelt sich um eine medizinische Behandlung. Die kann Risiken und Nebenwirkungen haben. Heißt: Es braucht eine Ärtzin/einen Arzt, der/die das begleitet.

MACHEN ODER LASSEN?

Auf jeden Fall LASSEN! Wenn Sie Ihre Zähne korrigieren möchten, bitte nur unter fachkundiger Begleitung durch eine kieferorthopädische Praxis!

KANN ICH VERSANDAPOTHEKEN VERTRAUEN?

Oma braucht einen Hustensaft, die Partnerin/der Partner etwas gegen Sodbrennen, Junior hat Fieber und die Wundheilsalbe aus dem Medizinschrank ist auch alle. Da läppert sich schnell einiges an Euros zusammen. Die große Nachfrage, immer häufiger auftretende Lieferprobleme sowie die gesamtwirtschaftliche Situation treiben die Kosten für freiverkäufliche Arzneimittel nach oben. Und dann schleppt man sich angeschlagen mit letzter Kraft zur Apotheke, um mitgeteilt zu bekommen: »Tut mir leid, das Medikament ist nicht mehr vorrätig«.

Schmerzmittel und Asthmasprays waren davon schon mehrfach betroffen. Eine Online-Apotheke hat dieselben Medikamente oft noch auf Lager. Und das auch noch um einiges günstiger! Bei der nächsten Grippe greifen viele Menschen deswegen zum Handy – klick – und die benötigten Medikamente sind bequem vom Sofa aus bestellt.

RÜCKBLICK: DIE GESCHICHTE DER APOTHEKE

Jedes Kind kennt das Symbol der Apotheke: Die weiße Schlange, die sich um einen Kelch schlängelt. Es ist das Erkennungszeichen für sämtliche Apotheken Deutschlands seit ungefähr 80 Jahren. Den Kelch finden die Apotheker deswegen so gut, da er zur griechischen Göttin Hygieia gehört. Sie ist die Schutzpatronin für Gesundheit. Sehr viel länger als das Symbol existieren die Apotheken selbst. Die erste deutsche öffnete 1241 in Trier ihre Pforten – und es gibt sie bis heute.

Die frühe Apotheke hatte wenig gemein mit denen der Neuzeit. Sie fungierte als Lagerraum für Kräuter, Gewürze, Wein und Tee. Zusätzlich gab es eine kleine medizinische Werkstatt. Darin wurden Salben und Tinkturen angemischt. Die mehr als 18 000 Apotheken in Deutschland heute haben weitaus mehr zu bieten. Neben Medikamenten beispielsweise Kosmetikprodukte und Sanitätsartikel. Auch medizinische Geräte können sich Kunden dort ausleihen: Von der Milchpumpe über Blutzuckermessgeräte bis hin zur Babywaage. Wer möchte, kann vor Ort alte Medikamente abgeben, seinen Blutdruck messen und sich natürlich ausführlich beraten lassen. Was genau die Apotheken tun oder anbieten dürfen, ist gesetzlich geregelt. Das gilt auch für die über 3000 zugelassenen Versandapotheken in Deutschland.

WIESO SIND VERSANDAPOTHEKEN GÜNSTIGER?

Die Preise für rezeptfreie Medikamente kann jede Apotheke seit 2004 selbst bestimmen. Was danach folgt, ist eine einfache kaufmännische Rechnung: Wie viel kostet das Medikament im Einkauf? Und für wie viel muss es wieder verkauft werden, um nach Abzug aller Kosten so viel Gewinn zu machen, dass eine lohnende Summe übrig bleibt? Bis zu 70 Prozent Rabatt sind bei Versandapotheken drin. Denn im Vergleich zu herkömmlichen Apotheken fallen bei diesen viele Kosten weg (z. B. Raumkosten, Kosten für Fachpersonal). Dazu kommt, dass das Ordern wesentlich größerer Mengen an Medikamenten als es stationäre Apotheken können, den Online-Apotheken ermöglicht, diese zu einem nochmals günstigeren Ladenpreis zu verkaufen. Allerdings sollten Sie auf die Versandkosten achten. Bei manchen Bestellungen sind sie enthalten, bei manchen nicht. So manches Schnäppchen kristallisiert sich durch die Versandkosten im Nachhinein dann doch als keines heraus.

SIND VERSANDAPOTHEKEN SERIÖS?

Wenn sie zugelassen sind: Ja! Es gibt aber auch Fake-Apotheken oder Online-Shops aus dem Ausland. Beide sehen auf den ersten Blick genauso aus wie eine seriöse Online-Apotheke und erschummeln sich mit dieser Täuschung das Vertrauen der Besteller*innen. Teils werden verschreibungspflichtige Medikamente ohne Rezept angeboten. Manchmal sind die Mittel auch gefälscht. Da sie vom Original kaum zu unterscheiden sind, kann das richtig gefährlich werden. Denn keiner weiß so genau, was wirklich drin ist. Achten Sie daher auf das Siegel mit dem weißen Kreuz auf grünem Grund. Ein Blick aufs Impressum lohnt ebenso. Dort finden sich die Informationen, ob die Apotheke zugelassen ist, welcher Apotheker und welche zugehörige Apothekenkammer zuständig ist. Eine Hotline mit deutscher Telefonnummer sowie gut auffindbare AGB auf der Internetseite sind überdies ein gutes Zeichen.

Sofern verschreibungspflichtige Medikamente ohne Rezept ausgegeben oder darauf Rabatte eingeräumt werden: Finger weg! Beides ist nicht erlaubt. Sie können also davon ausgehen, dass Sie dann bei einem unseriösen Anbieter gelandet sind.

Der Bundesverband Deutscher Versandapotheken hat auf seiner Internetseite alle seriösen Anbieter gelistet. Gerne vor einer Bestellung dort mal nachschauen, falls Sie unsicher sind.

WAS SPRICHT FÜR DIE BESTELLUNG IN EINER VERSANDAPOTHEKE UND WAS DAGEGEN?

Dafür sprechen die günstigen Angebote und die bequemen Bestellmöglichkeiten von zu Hause aus. Keine Fahrtwege, keine Parkplatzsuche, keine Mühe. Bei bereits bekannten Medikamenten mag der Beratungsaspekt weniger ins Gewicht fallen. Ansonsten halte ich eine Beratung für grundsätzlich wichtig. Wenn Sie Pech haben, verzögern sich auch schon mal die Lieferzeiten. Dann sitzen sie vergeblich wartend zu Hause und müssen ein wichtiges Medikament ersatzweise womöglich doch vor Ort besorgen, weil sie nicht so lange darauf warten können, bis es endlich geliefert wird.

MACHEN ODER LASSEN?

Bei freiverkäuflichen Medikamenten: MACHEN! Da ist ganz oft ein Schnäppchen drin. Achten Sie aber darauf, dass es sich um eine zugelassene Online-Apotheke handelt und Sie nicht auf einen Fake-Anbieter hereinfallen.

Bei verschreibungspflichtigen Medikamenten – insbesondere bei neu verschriebenen: LASSEN! Hier finde ich eine Beratung wichtig. Gerade wegen eventueller Wechselwirkungen mit anderen Medikamenten.

Kapitel 3
HAUSHALT UND WOHNEN

Das Zuhause ist unser persönlicher Rückzugsort. Berufstätige verbringen mehr als die Hälfte des Tages daheim. Wir ziehen dort unsere Kinder groß, erleben Glücksmomente, aber auch Dramen. Wir putzen, kochen, waschen Wäsche, verbrauchen eine Menge Energie, wollen jedoch gleichzeitig so viel wie möglich davon einsparen. Der Alltag soll reibungslos funktionieren, damit wir nicht mehr als nötig unserer kostbaren Zeit mit Hausarbeit und Co. verbraten müssen. Gleichzeitig schlägt die digitale Entwicklung Purzelbäume. Wir können gar nicht so schnell gucken, wie die Neuerungen hier voranschreiten. Und mit alledem müssen wir zurechtkommen, selbst wenn uns der digitale Fortschritt manchmal überfordert.

Da wäre schon gut zu wissen, wie der Hase läuft. Was tut uns gut, was spart Geld, was ist empfehlenswert und bei welchen Dingen rennen wir wiederum in eine Sackgasse, ohne es zu merken? In diesem Kapitel nehmen wir uns vom Bio-Putzmittel bis zur Cloud einige Produkte und Angebote vor, die fast jeder Mensch nutzt. Sind sie wirklich immer die genialen Helfer, die uns die Hersteller versprechen? So viel vorweg: Bei manchen Produkten werden Sie eventuell überrascht sein, denn wir kommen dabei einigen Hersteller-Märchen auf die Schliche.

SIND MIKROWELLENGERÄTE EMPFEHLENSWERT?

Er brummt lustig vor sich hin, gibt unsichtbare Strahlen ab und am Ende werden dadurch Speisen oder Getränke warm. Es geht um den Mikrowellenherd – bestimmt haben Sie auch einen in der Küche stehen, denn praktisch ist er ja schon. Schneller kann man sein Essen nicht erwärmen. Bis der Herd eingeschaltet und einmal im Topf gerührt ist, macht die Mikrowelle schon »Bing«!

Mein Mann und ich haben leider keine zu Hause. Das liegt nicht daran, dass wir etwas gegen sie hätten. Es gibt sogar einen vorgesehenen Platz, den wir bei der Küchenplanung festgelegt hatten. Gekauft haben wir dann aber doch keine und während ich diese Zeilen schreibe, frage ich mich, warum eigentlich? Zumal ich regelmäßig an das Nicht-Vorhandensein erinnert werde, wenn ich mir mein Essen vom Vortag warm machen will. Es dauert auf dem Herd einfach viel zu lange.

Doch es gibt auch viele Unsicherheiten bei diesem Gerät. Ein Gerät, in dem mit Strahlen gearbeitet wird? Das klingt wenig vertrauenswürdig und sorgt schon seit Anbeginn für Skepsis bei den Nutzern. Gelangen die Mikrowellen womöglich über das Essen in uns hinein und werden wir dadurch verstrahlt? Oder zerstören sie gar die ganzen guten Nährstoffe im Buttergemüse? Diesen und anderen Fragen bin ich nachgegangen.

RÜCKBLICK: SEIT WANN GIBT ES MIKROWELLENHERDE?

Die Entdeckung passierte rein zufällig. Der US-amerikanische Ingenieur Percy Spencer baute Magnetrone für Radaranlagen. Magnetrone, für Uneingeweihte wie mich, sind Vakuumröhren zur Erzeugung von hochfrequenten Schwingungen. Während seiner Arbeit bemerkte Spencer auf einmal ein seltsames Gefühl in seiner Hosentasche. In die hatte er nämlich zuvor einen Schokoriegel gesteckt – und der schmolz nun urplötzlich dahin. Als erfahrenem Erfinder und Inhaber von bereits 120 Patenten machte es sofort Klick bei ihm; er wusste, was das bedeutete: Die Strahlung musste dafür verantwortlich sein. Er forschte weiter und als ihm wenig später Maiskörner in Form von Popcorn im Labor um die Ohren flogen, war für ihn alles klar. Im Oktober 1945 meldete Spencer den Mikrowellenherd zum Patent an und erhielt dieses im Januar 1950. Bis zur kommerziellen Nutzung vergingen noch ein paar Jahre. Die Geräte kosteten zu Beginn über

1000 US-Dollar pro Stück. Vermutlich verkauften sie sich deswegen anfangs nur knapp 1400 Mal. Ab 1970 allerdings stieg der Absatz der Mikrowellen in den USA explosionsartig an, da sie inzwischen so billig zu haben waren wie nie zuvor. Verbesserte Produktionsbedingungen sorgten dafür, dass die Geräte immer günstiger wurden. Während es 1970 noch 40 000 verkaufte Geräte waren, waren es fünf Jahre später bereits eine Million. Heute besitzen 97 Prozent der US-amerikanischen Haushalte ein Mikrowellengerät. In Deutschland sind es knapp 74 Prozent[1].

WAS GENAU SIND EIGENTLICH MIKROWELLEN?

Mikrowellen sind eine elektromagnetische Strahlung mit einer Frequenz von 2,45 Gigahertz. Sofern Sie in der Schule gut aufgepasst haben oder Physik-Fan sind, sagt Ihnen diese Zahl eventuell etwas. Im Grunde ist sie aber unwichtig. Ein Magnetron im Mikrowellenherd jedenfalls erzeugt diese Strahlung. Das passiert wie folgt: Elektronen werden durch ein Magnetfeld auf eine kreisförmige Bahn gebracht. Dabei rasen sie an metallischen Kammern vorbei. Und in diesen Kammern bildet sich die Strahlung. Sie bringt die Wassermoleküle in Lebensmitteln zum Schwingen. Beim Schwingen berühren sie sich. Reibung erzeugt Wärme. Ergo: Unser Essen wird warm.

SIND DIE STRAHLEN IM MIKROWELLENHERD GEFÄHRLICH?

Sagen wir so: Sie sollten weder sich selbst, noch Kinder, Familie oder Haustiere Mikrowellen aussetzen. Das würde keinem gut bekommen. Bevor Sie nun vorschnell in die Küche rennen und Ihren Mikrowellenherd aus dem Fenster werfen: Halt! Das Bundesamt für Strahlenschutz hat das beliebte Küchengerät unter die Lupe genommen und Entwarnung gegeben: Kein einziger Strahl kann außerhalb des Geräts Schaden anrichten: Die Leckstrahlung bei ordnungsgemäßem Betrieb einer Mikrowelle ist vernachlässigbar. Sie beträgt durchschnittlich ein Prozent im Abstand von fünf Zentimetern und im Abstand von einem Meter nur noch ein Dreißigstel davon. Die Hersteller von Mikrowellen sorgen seit vielen Jahren dafür, dass die Geräte gut abgeschirmt sind. Schon im Jahre 1997 wurde das hinreichend getestet und bestätigt. Das Ergebnis des Tests hat nach 25 Jahren immer noch Bestand, da sich die grundlegende Technik seitdem nicht verändert hat.[2]

GEHEN BEIM ERWÄRMEN VON LEBENSMITTELN IM MIKROWELLENHERD NÄHRSTOFFE VERLOREN?

Kurzum: Nein! Die meisten Vitamine sind hitzebeständig. Im Gegensatz zum Kochen auf dem Herd werden die Lebensmittel zudem nur kurz erhitzt und das auch nicht sehr intensiv. Im Normalbetrieb bleibt ergo alles dort, wo es hingehört. Allerdings birgt die Mikrowelle hier gleichzeitig ein Handicap: Sie erwärmt oft nicht gleichmäßig. Manche Stellen sind extrem heiß, andere fast gar nicht. Also Obacht! Es könnte entweder zu Verbrennungen kommen oder im umgekehrten Fall zur Keimbildung, denn schädliche Keime werden erst ab einer bestimmten Gradzahl abgetötet.

WAS SPRICHT FÜR EINEN MIKROWELLENHERD UND WAS DAGEGEN?

Auf der Pro-Seite steht klar die Geschwindigkeit. Getränke und Speisen sind extrem schnell erwärmt. Auch beim Backen ist die Mikrowelle im Vergleich zum klassischen Backofen ein echter Helfer: Butter zerlassen, Schokolade schmelzen und vieles anderes geht innerhalb von wenigen Sekunden. Das verbraucht natürlich auch deutlich weniger Strom als am Herd. Gegenüber dem Herd/Backofen lassen sich mit dem Mikrowellenherd 60 bis 80 Prozent der Stromkosten einsparen. Das trägt zum Klimaschutz bei und wenig Platz braucht das Gerät auch.

Ganz oben auf der Kontra-Liste möchte ich allerdings die Konsistenz der Speisen nach dem Erwärmen anbringen. Nicht alles behält seine appetitliche Optik und Haptik. Man kennt es: Gemüse wird schnell matschig, Brot wiederum pappig. Und der Mikrowellenherd eignet sich wirklich nur zum Erwärmen. Kochen hat ihm noch niemand beigebracht. Auch bei der Auswahl der Behälter heißt es: Achtung! Metallbesteck, Edelstahltöpfe oder Aluminiumschalen sollten draußen bleiben, da sie die Strahlung abschirmen. Es könnten sich Funken bilden. Berühren metallische Behältnisse gar die Innenwand der Mikrowelle, entstehen Lichtböden. Beides kann das Gerät beschädigen.

Bei Plastikbehältern wiederum kann es passieren, dass sich die darin enthaltenen Weichmacher sich ins Essen schummeln. Und das klingt wenig lecker und ist außerdem gesundheitsschädlich. Glasbehälter eignen sich am besten, allerdings sollte man diese nach Erwärmen nicht mit bloßen Händen aus dem Mikrowellenherd herausholen. Die Behältnisse werden nämlich ebenfalls sehr heiß, es besteht also Verbrennungsgefahr!

MACHEN ODER LASSEN?

Für mich ein klares MACHEN sowie eine gute Investition! Der Mikrowellenherd spart Energie, ist schnell und erwärmt das Essen schonend. Davon profitieren nicht nur Sie, sondern auch die Umwelt.

WAS TAUGEN HEIßLUFTFRITTEUSEN?

Mein einschlägigstes Erlebnis zum Thema Ernährung hatte ich bei meinem ersten USA-Urlaub 2016. Pünktlich zu meinem 40. Geburtstag wollte ich einmal die Vereinigten Staaten live erleben und gönnte mir einen zweiwöchigen Roadtrip an der Westküste. Der war super, nur gestaltete er sich in Bezug auf gesunde Ernährung als wahrhafte Challenge. Irgendwann habe ich mich einfach mitreißen lassen und bei fast jeder Mahlzeit das gegessen, was die US-Amerikaner ständig essen: in viel Fett knusprig Frittiertes. Aber auch im Land der unendlichen Möglichkeiten war seinerzeit bereits ein Trend spürbar, der hin zu einer bewussteren Ernährung geht. Natürlich nicht vergleichbar mit dem Ernährungsbewusstsein hierzulande. Die Amerikaner lieben ihr Fast Food nach wie vor heiß und innig (und gern fettig!). Es ist jedoch etwas im Gange. Mal sehen, wohin das noch führt. Diese »Challenge« in den drei Wochen USA verursachte glücklicherweise keinen Schockzustand meinerseits nach der Rückkehr. Alle Hosen passten noch. Ich hatte mit Schlimmerem gerechnet. Einfach aufgrund der Unmengen an Fett, die man mit Frittiertem zu sich nimmt.

Wie sieht es denn mit Gar-Alternativen aus für Pommes und Co.? Könnten Heißluftfritteusen eventuell welche sein und was ist der Unterschied zur klassischen Fett-Fritteuse?

RÜCKBLICK: WO KOMMEN DIE HEIßLUFTFRITTEUSEN HER?

Das Garen von Nahrungsmitteln im Fettbad ist ein sehr altes, traditionsreiches Verfahren, um schmackhafte, verträgliche und nahrhafte Speisen herzustellen. Doch mit Voranschreiten der Jahrhunderte verringerte sich die Arbeitsbelastung der Menschen deutlich. Während es früher nicht fettig genug sein konnte, war fettig irgendwann nicht mehr nötig, mästete die Leute eher unnötigerweise und galt daher bei vielen als verpönt. Chad Erickson hatte dazu 1987 eine geniale Idee: Er erfand die Heißluftfritteuse, die 1989 durch das amerikanische Patentamt zugelassen wurde. Ich persönlich war darüber erstaunt, denn ich hätte nicht gedacht, dass es die schon so lange gibt.

Also schnell weiter zur Erfindung ihrer heißluftigen Kollegin. Chad Erickson kam 1987 auf den genialen Gedanken. Er erfand die erste Heißluftfritteuse in den USA. Sicherlich auch aus dem Aspekt heraus, dass in den 80er Jahren der Wunsch nach einer gesünderen Ernährung eine große Rolle spielte. 1989 wurde die Heißluftfritteuse dann durch das amerikanische Patentamt zugelassen. Das erstaunte mich, da ich eigentlich vermutet hatte, dass es die noch gar nicht so lange gibt.

WIE FUNKTIONIERT EINE HEISSLUFTFRITTEUSE?

Als gesunde Alternative zur üblichen Fritteuse kommt sie fast ohne Fett aus. Zur Funktionsweise: In den Geräten werden die Speisen nicht im Fett, sondern mit heißer Luft gegart. Eine glühende Spirale sorgt für die Hitze, ein Ventilator verteilt diese. Pommes, Gemüse oder anderes liegt dabei in einem Garkorb. Im Prinzip ist eine Heißluftfritteuse also nichts anderes als ein Minibackofen mit Umluftfunktion.

Sie haben eine starke Luftzirkulation (Heißluftfritteusen schaffen da über 70 Stundenkilometer). Da kann ein Backofen nicht mithalten. Der Energieverbrauch einer Heißluftfritteuse liegt bei 1400 bis 2100 Watt pro Stunde. Auf ähnliche Werte kommt auch der Backofen, wobei der wie erwähnt länger zum Vorheizen braucht. Da die Lebensmittel in der Fritteuse direkt im Garkorb liegen, muss dieser nach jedem Gebrauch gut gereinigt werden, dafür braucht es aber wiederum kein Backpapier wie im Ofen – sofern man hier keine beschichteten Bleche benutzt.

WAS LÄSST SICH MIT DER HEISSLUFTFRITTEUSE ALLES ZUBEREITEN?

Viele Gemüsesorten, Fleisch (z. B. Bratwurst, Roastbeef, Hähnchen, Geschnetzeltes, Hack, Hot Dog, Lamm, Putenbrust, Rinderrouladen), Fisch (z. B. Calamari, Langusten, Tintenfisch, kleiner ganze Fische sowie Fischfilet aller Art), Tofu, Popcorn, gebackene Bananen, Apfelchips, Berliner, Frühlingsrollen, Röstzwiebeln und alles Panierte. Eigentlich alles, was sich auch in der normalen Fritteuse zubereiten lässt. Wer nicht auf ein gewisses Fettaroma verzichten möchte, kann die Lebensmittel zuvor in Öl marinieren. Ein Teil dieser fettigen Marinade wird durch die Löcher im Rost der Heißluftfritteuse sowieso abtropfen.

WAS SPRICHT FÜR EINE HEISSLUFTFRITTEUSE UND WAS DAGEGEN?

Unweigerlich darf man sich fragen: Wieso 40 bis 250 Euro für ein solches Gerät investieren, wenn der Backofen prinzipiell gleich funktioniert? Stiftung Warentest hat 2018 geprüft, ob die Geräte halten, was sie versprechen. Im Resümee sind sie viel Luft um nichts. Einige Geräte zauberten zwar knusprige, wenn auch reichlich trockene Pommes. Die überzeugende Geschmacksnote aber fehlte, da die nur durch die Nutzung von Fett entstehen kann. Getestet wurde auch die Zubereitung von Hähnchenschenkel und Gemüse. Mit beidem kamen die meisten Geräte – laut Test – nicht wirklich gut klar[3].

Für die Heißluftfritteusen spricht, dass so gut wie kein Fett gebraucht wird. Und sie brauchen nur wenige Minuten, bis sie startklar sind. Das dauert beim Backofen deutlich länger. Dafür können in der Heißluftfritteuse keine großen Portionen gegart werden. Bei einer Familie mit zwei Erwachsenen und drei Kindern funktioniert das nur schichtweise nach und nach, da die Portionen auf ein bis zwei Personen ausgelegt sind. Zurück zum Beispiel Pommes. Das Ergebnis kommt um Längen nicht an die frittierten Pommes heran. Allerdings sind die aus der Heißluftfritteuse immerhin wesentlich knuspriger als die aus dem Backofen. Das liegt an der starken Luftzirkulation (Heißluftfritteusen schaffen da über 70 Stundenkilometer). Da kann ein Backofen nicht mithalten. Der Energieverbrauch einer Heißluftfritteuse liegt bei 1400 bis 2100 Watt pro Stunde. Auf ähnliche Werte kommt auch der Backofen, wobei der wie erwähnt länger zum Vorheizen braucht. Da die Lebensmittel in der Fritteuse direkt im Garkorb liegen, muss dieser nach jedem Gebrauch gut gereinigt werden, dafür braucht es aber wiederum kein Backpapier wie im Ofen.

MACHEN ODER LASSEN?

Wir haben eine zu Hause. Ich finde die darin zubereiteten Pommes allerdings gar nicht lecker. Mein Mann sieht das anders. Er mag die fettarmen Pommes sehr. Aber unabhängig von unserem Haushalt muss man feststellen, dass Heißluftfritteusen gerade voll im Trend sind – nicht nur hierzulande und auch nicht erst seit gestern. Sie frittieren gut bis okay und fast ohne Fett. Ich sage trotzdem LASSEN – aus zwei Gründen: Erstens sind gute Geräte sehr teuer. Zweitens lassen sich die Lebensmittel durch andere Methoden genauso zubereiten (Stichwort Backofen).

WIE GUT SIND STAUBSAUGERROBOTER?

Hatte ich schon erwähnt, dass ich Technikfreak bin?
Für technischen Schnickschnack kann man mich immer begeistern.
Manche Gerätschaften sind sinnvoll. Andere ehrlicherweise nicht.
Doch trotz meines Faibles für alles Technische hat es noch kein
Staubsaugerroboter zu uns nach Hause geschafft. Gelegentlich
liebäugelte ich zwar schon mit einem Kauf. Es kam jedoch nie dazu.
Dabei wäre das schon komfortabel: Ich relaxe gemütlich auf dem
Sofa, während der Roboter auf der Suche nach Staub und Krümeln die
Wohnung durchforstet. Sein Kollege für den Garten gehört bereits zu
unserer Familie. Rasenmähen ist nicht mein Ding, deswegen sollte das der
Rasenmähroboter übernehmen – so zumindest der Plan. Der ging leider
nicht auf. Am Ende musste ich überall nachmähen, da die Robo-Maschine
es nicht sauber hinbekommen hat. Die Nacharbeiten haben so viel Zeit in
Anspruch genommen, dass ich gleich selbst hätte mähen können.
Daher schaue ich jetzt umso genauer hin, inwieweit sich der Kauf
eines Staubsaugerroboters rentieren würde.

WIE FUNKTIONIERT EIN SAUGROBOTER?

Im Prinzip genauso wie die Großen: Über eine Saugdüse gelangt der Schmutz in einen Auffangbehälter – so die Basic-Theorie. Natürlich ist beim Roboter alles kleiner dimensioniert. Im Durchmesser kommt er auf um die 30 Zentimeter, selten ist er höher als 9 Zentimeter. Deswegen gelangt er auch an Stellen, die für einen normalen Staubsauger kaum zu erreichen sind, zum Beispiel unter das Sofa. Das hat Vorteile, denn so manches Sofa hält spannende Überraschungen bereit, wenn man es einmal im Jahr verrückt, um darunter endlich mal sauberzumachen. Außer sehr viel Staub und Krümel gleicht der Platz einem Sammelsurium an Utensilien, die bisher keiner vermisste: einzelne Socken, Taschentücher, Kugelschreiber und anderes. Der Saugroboter kann zwar viel. Die Gegenstände unterm Sofa einzusammeln, schafft zwar auch er nicht, zumindest aber sorgt er dafür, dass es dort drumherum blitzblank sauber ist.

Angetrieben wird der kleine Helfer durch einen Elektromotor. Wenn ihm die Puste ausgeht, fährt er in seine Garage und schöpft neue Energie aus der Steckdose. Für den Vortrieb und die Wendigkeit des geschickten Gefährts sorgen zwei Antriebsräder. Ein weiteres, einzelnes Rad im Frontbereich ist für das Links-Rechts-Lenken verantwortlich. Kleinere Unebenheiten wie Kabel oder Türschwellen kann er normalerweise überwinden. Und obwohl er ein Roboter ist und das digital anspruchsvoll klingt, lässt er sich kinderleicht bedienen. An oder Aus. Mehr muss man bei der Bedienung nicht wissen oder können. Wer es in der High-Level-Variante mit dem Roboter angehen möchte, bedient ihn über eine App am Smartphone. So kann man die Hausarbeit direkt von der Arbeit aus starten. Ausgleichende Gerechtigkeit! Während ich arbeite, muss der Roboter auch ran. Das hat den Vorteil, dass er längst fertig ist, wenn ich relaxen will. Das erspart mir die permanente Störung eines kleinen brummenden Gefährts ums Sofa herum.

Sein Innenleben macht dem Wort Roboter alle Ehre. Verschiedene Infrarot- und Näherungssensoren ermöglichen die Navigation. Liegen Gegenstände auf dem Boden, erkennt der Saugroboter das sofort und umfährt diese rechts oder links. Rückwärtsfahren kann er natürlich auch. Das aber nur in Ausnahmefällen im so genannten Intensiv-Modus. Bei besonders verschmutzten Stellen macht das durchaus Sinn.

Es kursieren Geschichten im Netz von abgestürzten Saugrobotern. Sie kamen einer Treppe zu nah und fanden dabei den technischen Tod. Die meisten Roboter verfügen zwar auch über einen Absturzsensor, allerdings noch nicht alle im Handel erhältlichen Modelle. Wer Treppen zu Hause hat, sollte prüfen, ob ein solcher Sensor integriert ist.

WAS SPRICHT FÜR EINEN SAUGROBOTER UND WAS DAGEGEN?

Leistungsfähige Feinstaubfilter der HEPA-Klassifizierung? Haben sie! Sie sind daher auch für Allergiker geeignet. Mich interessieren nun der Preis und der Energieverbrauch. Davon würde ich persönlich abhängig machen, ob sich das Teil für mich lohnt. Preislich kommt der Roboter deutlich teurer als ein konventioneller leistungsfähiger von Hand zu bedienender Staubsauger. Dazu habe ich mir die Stiftung Warentest herangezogen und die Robo-Geräte auf den vorderen Plätzen angeschaut. Der Testsieger kostet 600 Euro. Im Vergleich lag der Testsieger bei den normalen Staubsaugern bei 250 Euro. Und wie sieht's mit den Stromkosten aus? Im Schnitt bringen die Roboter eine Leistung von 50 bis 100 Watt, sind aber viel länger im Einsatz als ein Bodenstaubsauger.

RECHENBEISPIEL SAUGROBOTER[4]:

Wohnfläche:	50 qm
wöchentlicher Einsatz:	10,5 Stunden
Ladezeit:	3 Stunden plus ein bisschen Standby
Strompreis:	0,40 Cent/Kilowattstunde

Ergibt um die 15 Euro Stromkosten pro Jahr. Der klassische Bodenstaubsauger liegt bei denselben Rahmenbedingungen bei ca. 23 Euro. Diesen Punkt könnte man bei den Pros und Contras dann doch vernachlässigen, da kaum relevant.

MACHEN ODER LASSEN?

Die Anschaffung eines Staubsaugerroboters ist teuer und trotz digitalen Schnickschnacks arbeiten sie nicht einwandfrei. Ich würde es daher LASSEN. Wäre die Wohnung leer, ohne Möbel, die dem Roboter im Weg stehen, keinerlei Gegenstände auf dem Boden, ja dann bekäme der kleine Roboter vermutlich zwei Daumen hoch von mir. So aber nicht.

TEFLONPFANNEN – GESUND ODER SCHÄDLICH?

Meine Erfahrung mit Teflonpfannen ist, dass ich noch so vorsichtig damit
hantieren kann, die Beschichtung geht immer schneller ab, als mir lieb
ist. Und wohin verteilen sich die abgelösten Fasern? Zuerst in meinem
Essen, danach in meinen Eingeweiden. Der Gedanke verursacht mir
Unbehagen. Es führte dazu, dass ich mein Essen pingelig unter die Lupe
nahm, ob da womöglich kleine schwarze Fasern zu erkennen sind.
Bei Spiegelei oder Rührei wurde ich häufiger fündig. Ich mag da etwas
überempfindlich reagieren im Gegensatz zum Rest der Welt. Die Zahlen
sprechen dafür, dass Teflonpfannen äußerst beliebt sind. Wir bei mir
zuhause hantieren allerdings inzwischen nicht mehr mit ihr, da ich mein
Rührei ohne Teflonfasern genießen will. Ist diese Skepsis berechtigt?
Wir klären das jetzt!

RÜCKBLICK: SEIT WANN GIBT ES TEFLONPFANNEN?

Vorweg: Teflon ist kein Produktname sondern ein Markenname des Kunststoffs Poly-
tetrafluorethylen. Der US-amerikanische Chemiekonzern DuPont patentierte diesen
1941. Entdeckt wurde er aber schon einige Jahre früher: 1938 beschäftigte sich der
Chemiker Dr. Roy J. Plunkett damit, für seinen Arbeitgeber DuPont einen besseren
Kühlapparat zu ertüfteln. Dazu machte er Experimente mit dem Gas Tetrafluorethylen.
Dieses füllte er in einen Kanister, setzte ihn unter Druck und fror ihn über Nacht ein.
Am nächsten Tag staunte er nicht schlecht, als das Gas verschwunden war. Stattdessen
war im Kanister eine wachsartige Masse entstanden. Durch Polymerisation (die Verbindung von einzelnen Stoffen des Gasgemischs miteinander) hatte sich das Gas in Poly-
tetrafluorethylen verwandelt. Und das zeigte sich bei weiteren Tests als extrem hitzebeständig, säurefest und glatter als alles andere, was man bisher kannte. Das versetzte
Plunkett und seine Kollegen im ersten Moment in helle Freude, da sie verstanden, was
für ein geniales Material sie da vor sich hatten. Für was und wie genau sie es einsetzen
sollten, war ihnen allerdings noch nicht ganz klar. Da der komplizierte Name aber so
oder so kein Marketingknaller sein würde, kürzte man ihn für das Patent, das in seiner
chemischen Abkürzung PTFE heißt, in die Kurzform »Teflon«. Erst eine Frau musste
der Männerwelt dann zeigen, für was dieses Teflon im Haushalt erstklassig geeignet
war. Colette Grégoire, die Ehefrau des französischen Chemikers Marc Grégoire, hatte

die Idee, damit Töpfe und Pfanne zu beschichten. Der Siegeszug von Teflon war von da an nur noch reine Formsache.

Bei aller Begeisterung in der Anwendung – Teflon ist und bleibt ein Kunststoff. Mit den Jahren haben wir längst gelernt, dass Kunststoffe für Mensch, Tier und Umwelt nicht gut sind. Nanopartikel, also winzigste Teilchen, können sich herauslösen und sich in den Organen von Lebewesen anreichern. Laut Auskunft des Bundesinstituts für Risikobewertung müssen wir uns deswegen keine Sorgen machen, da PTFE »reaktionsträge« sei[5]. Sollten sich Fasern davon bei der Zubereitung von der Pfanne lösen, ins Essen gelangen und damit in unseren Körper, passiert erstmal nichts. Wir verdauen es nicht, sondern scheiden es wieder aus.

WAS SPRICHT FÜR TEFLONPFANNEN UND WAS DAGEGEN?

Die Teflonpfannen halten nicht lange. Ständig muss man sie nachkaufen, da die Beschichtung abgeht. Die ollen Pfannen können danach nur noch als Altmetall entsorgt werden. Bei der Weiterverwertung entsteht giftige Flusssäure, die in den Verbrennungsanlagen erst aufwändig neutralisiert werden muss. So wie es endet, fängt es leider auch an. Zur Herstellung von Teflon braucht es giftige Schadstoffe, die die Umwelt belasten. Beispielsweise PFOA. Das ist äußerst langlebig und zählt deswegen zu den »Forever Chemicals«. Über die Nahrungskette kann es in unseren Körper gelangen. Das Umweltbundesamt untersuchte, wie stark Kinder mit PFOA belastet sind. Bei fast allen konnte der Stoff nachgewiesen werden.[6] Er kann Krebs verursachen und ist deswegen unter den besonders besorgniserregenden Stoffen gelistet. Die Verbraucherzentrale Bayern fand heraus, dass der Giftstoff auch in den Böden und Gewässern vorhanden ist. In den USA wurden PTFE-Hersteller schon zu hohen Entschädigungszahlungen verdonnert, da das Gift die Umwelt verseucht hatte.

Die Vorteile: Die Oberfläche von teflonbeschichteten Pfannen ist so glatt, dass rein gar nichts mehr anbrennen kann. Das macht sich nicht nur für fettbewusste Köche und Köchinnen positiv bemerkbar, sondern auch beim Saubermachen. Säuren, Alkohole, Öle und auch Hitze können der Beschichtung nichts anhaben. Da zeigt eine Teflonpfanne sich als alles andere als eine Mimose. Erst ab einer Temperatur von 360 Grad wird's gefährlich. So heiß wird es jedoch erst, wenn das Bratöl zu qualmen anfängt oder die Pfanne aus Versehen leer hocherhitzt wird. Dann entstehen Gase, die grippeähnliche Symptome auslösen können. Im normalen Gebrauch kann das nicht passieren. Der Preis ist ein wahres »Kauf-mich-Argument«. Teflonpfannen sind sehr viel günstiger als Pfannen aus Gusseisen. Eine gute Zusammenfassung der Vor- und Nachteile von Teflonpfannen hat die Verbraucherzentrale NRW im Januar 2023 verfasst[7].

MACHEN ODER LASSEN?

Auch wenn sie günstig in der Anschaffung und komfortabel im Gebrauch sind: LASSEN! Bei richtiger Handhabung sind Teflonpfannen gesundheitlich zwar unbedenklich für uns Menschen und eignen sich zugegeben perfekt für eine Ernährung mit wenig Fett. Die Nachteile für die Umwelt wiegen im Gegensatz dazu aber zu groß.

GESÜNDER TRINKEN DURCH WASSERFILTER?

Der Pro-Kopf-Verbrauch von Mineralwasser lag 2022 bei 129,5 Liter[8].
Natürlich trinken wir alle zusätzlich auch noch viel Wasser
in anderer Form: Tee, Kaffee, ein Bierchen am Abend oder Wasser
direkt aus der Leitung.

Beim Stichwort »Leitungswasser trinken« geht ein Aufschrei durch die Riege der Wasser-filterhersteller: »Das böse Wasser ist doch voller Kalk!« Und ja, man wisse schon, dass es gut kontrolliert ist, keine Schwermetalle, Keime, Bakterien in gesundheitsgefährden-der Menge und andere schlimme Dinge enthalten darf – dafür sorgen schließlich die Vorgaben der Trinkwasserverordnung – aber man wisse ja nie. Deswegen brauchen wir Wasserfilter, meinen die Hersteller. So würde man sich auch das Schleppen der Wasser-flaschen in den dritten Stock ohne Aufzug sparen. Verschiedene TV-Werbe-Spots zei-gen anschaulich, was damit gemeint ist. Das sieht z. B. so aus: Zuerst hat die Kamera einen Herrn mit Schweißperlen auf der Stirn mit zwei Sechserpackungen Mineralwas-ser in jeweils einer Hand im Fokus. Er geht das Treppenhaus hoch und stöhnt. Dann reißen die Griffe der Plastikverpackungen. Die Flaschen purzeln die Treppe hinunter. Danach schnell der Kameraschwenk zu einer sehr zufrieden aussehenden Dame, die ihren zwei Kindern gerade Leitungswasser aus dem Wasserfilter eingießt … Ich will es genauer wissen und nehme die Wasserfilter unter die Lupe. Brauchen wir sie wirklich?

RÜCKBLICK: WIE SAUBER IST UNSER WASSER?

Jahrtausende lang wanderten die Menschen zu einem Brunnen, um ihr Trinkwasser von dort zu holen. Antike Völker, insbesondere die Römer waren schon früh viel schlauer als alle anderen: Sie kamen auf die glorreiche Idee, Wasserleitungen anzulegen – inklu-sive Wasserhahn, mit dem sie Wasser auf- und zudrehen konnten. Dieses Leitungssys-tem nannten sie Aquädukte. Allein in Rom gab es insgesamt elf solcher System, die das Wasser von Quellen in den Bergen, Flüssen oder Seen zu den Menschen leiteten. Das erste von ihnen wurde 312 v. Chr. erbaut.

Im Mittelalter wurde diese Technik des Wassertransports in Europa wieder vollständig vergessen – sogar bis weit in die Neuzeit war fließendes Trinkwasser hierzulande noch im 18. Jahrhundert nur für Privilegierte verfügbar – der Großteil der Menschen lebte unter katastrophal unhygienischen Bedingungen. Erst 1842 wurde in Hamburg damit begonnen ein Versorgungs- und Abwassernetz zu bauen. Und es dauerte lange hundert Jahre, bis die gesamte Hamburger Bevölkerung daran angeschlossen war. Die Sache hat bis heute Folgen. Altbauten sind teilweise immer noch mit Bleirohren ausgestattet. Für das Rohrsystem wurde Blei noch bis Anfang der 70er Jahre verbaut. Die Menschen haben deswegen ihre Bedenken bezüglich der Wasserqualität zu Hause. Die Wasserwerke liefern zwar reines Wasser bis zum Haus, dann jedoch kann es in den Bleirohren landen, und das macht vielen Bewohnern Kopfzerbrechen. Ein Wassertest liefert hier Antworten: Kommt das Wasser bleibelastet aus der Leitung oder nicht? Kann im negativen Fall da vielleicht der Wasserfilter helfen?

WAS SPRICHT FÜR WASSERFILTER UND WAS DAGEGEN?

Als Erstes möchte ich einige Trinkwasser-Mythen entlarven. Die Hersteller nutzen sie gern in der Kommunikation, um die Notwendigkeit ihrer Filtern zu begründen.

- **Mythos 1:** Unser Trinkwasser ist gar nicht so sauber, wie die Wasserwerke uns das weismachen wollen.
  FALSCH! Es gibt strenge Kontrollen und unser Trinkwasser hat eine hervorragende Qualität. Auch Schwangere oder Babys können es jederzeit trinken. Ein Test von Stiftung Warentest kam zum 2016 selben Ergebnis[9].
- **Mythos 2:** In unserem Trinkwasser sind zu hohe Medikamentenrückstände enthalten.
  FALSCH! Ja, es finden sich Rückstände, die sind allerdings verschwindend gering: Sie liegen um das Tausendfache unter den Grenzwerten.
- **Mythos 3:** Unser Trinkwasser enthält zu viel Nitrat.
  FALSCH. Überschreitungen kamen in der Vergangenheit so gut wie gar nicht vor.
- **Mythos 4:** Wasserfilter können Blei aus dem Leitungswasser filtern.
  Jein: Hochwertige Filter in Tischgeräten können Blei und andere Schwermetalle in gewissen Mengen herausfiltern. Bleileitungen in Häusern sind allerdings in Deutschland längst sehr selten (siehe die Ausführungen im vorhergehenden Abschnitt). Aufgrund der großen Gesundheitsgefahr, die von Blei ausgeht, müssen alte Bleileitungen auf jeden Fall schnellstmöglich ausgetauscht werden. Ein neues Gesetz aus 2023 schreibt vor, dass alte Bleileitungen bis 2026 vollständig ausgetauscht werden müssen.

Näheres zu diesen und auch noch einigen weiteren Mythen lässt sich auf der Seite der Verbraucherzentrale lesen[10].

Beim Einsatz von Wasserfiltern gibt es noch ein anderes Manko, an das viele womöglich gar nicht denken. Wasser verdirbt schnell. Bleibt es zu lange im Filter stehen, können sich Keime vermehren. Das ist dann genau das Gegenteil dessen, was man eigentlich erreichen wollte. Und es wird umso brenzliger, je unregelmäßiger die Filterkartuschen gewechselt werden. Daher immer exakt die Bedienungsanleitung lesen und die Behälter regelmäßig gut reinigen.

MACHEN ODER LASSEN?

Nach meiner Recherche sind die Wasserfilter für die Katz. Ergo: LASSEN! Oft verursachen sie wegen der schnellen Verkeimung der Filter sogar Schäden. Ungefiltertes Leitungswasser ist da zumeist die bessere Lösung – und hier gilt: Das Wasser vor Trinkgenuss immer erst einige Zeit laufen lassen! Das zuerst herausgelaufene Wasser dabei idealerweise auffangen, es kann ohne Weiteres noch zum Waschen oder auch zum Blumengießen verwendet werden.

GASGRILL ALS ALTERNATIVE ZUM HOLZKOHLEGRILL

Ein lauer Sommerabend im Juni. Mit großer Wahrscheinlichkeit
weht einem spätestens um 18 Uhr von irgendwoher der
typische Grillgeruch in die Nase. Die Deutschen lieben es zu grillen.
In Thüringen ist es den Menschen sogar besonders heilig.
Ich habe es hautnah mitbekommen, denn ich wohnte zwei Jahre dort.
Echte Grillherzen schlagen schon bei den Vorbereitungen höher.
Grillkohle in den Grill kippen, langsam anheizen, die Grillzange
bereitlegen und »Wo bleibt das Fleisch? Die Kohlen sind gleich so weit!«
ins Haus rufen. Ein Gasgrill käme bei Hardcore-Grillern niemals
in Frage. Trotzdem wird die kohlelose Alternative immer beliebter.
Gas oder Kohle – was ist die ultimative Grill-Lösung?

REGELN UND PFLICHTEN BEIM GRILLEN

Häufiger als man denkt, sorgt der Grill für Zündstoff unter Nachbarn. Menschen streiten darüber, ob die Müllers zu viel grillen oder die Maiers nur zu empfindlich reagieren, wenn sie meinen, die ständige Rauchwolke zu ihnen hin sei untragbar. In Bayern
gab es dazu Anfang 2023 ein Gerichtsurteil. Der Beklagte warf mehrmals pro Woche
den Grill an. Seinem Nachbarn stank die Grillvorliebe zum Himmel. Er klagte und
bekam in zweiter Instanz Recht. Der Beklagte darf auf seinem Balkon seither nur noch
einmal pro Woche grillen – also nicht öfter als viermal pro Monat. Ansonsten wird's
teuer für ihn. Die Geister scheiden sich bei diesem Thema. Damit werden sich künftig
sicher noch mehr Gerichte beschäftigen. Manche Vermieter untersagen das Grillen mit
Holzkohle daher bereits kategorisch im Mietvertrag, um ja keinen Unmut unter den
Mietparteien heraufzubeschwören. Der Gasgrill verursacht deutlich weniger Qualm.
Vielleicht wäre das eine Möglichkeit, die unterschiedlichen Bedürfnisse unter einen
Hut zu bekommen? Laut Statista besitzen inzwischen mehr Menschen einen Gasgrill
als einen Holzkohlegrill[11].

WIE FUNKTIONIERT DER GASGRILL?

Herzstück eines jeden Gasgrills ist der Brenner. Durch ein Schlauchsystem gelangt das Gas von der Gasflasche dorthin. Für das Entzünden braucht es weder Feuerzeug noch Streichholz. Die integrierte Piezozündung sorgt dafür, dass es auch ohne geht. Die Hitze lässt sich ähnlich wie bei einem Gasofen mit einem Drehregler regulieren. Beim Kohlegrill wird das Grillgut ja direkt über der offenen Glut gebrutzelt. Beim Gasgrill gibt es keine Glut, sondern Lavasteine, die von unten durch Gasflammen erhitzt werden, oder ein Rohrsystem, aus dem viele kleine Gasflammen austreten, über denen im Idealfall eine dachartige Abdeckung angebracht ist, worüber der Rost mit dem Grillgut liegt. Für ein höchstindividuelles Grillvergnügen sorgen Modelle mit Deckel oder mit mehreren, getrennt voneinander zu regelnden Brennstab-Rohrsystemen.

WAS SPRICHT FÜR EINEN GASGRILL UND WAS DAGEGEN?

Die Nachteile: Wer den typischen Rauchgeschmack beim Grillen mag, tut sich mit dem Gasgrill schwer, und für Outdoorgriller taugt er ebenso wenig. Sich den mal schnell unter den Arm zu klemmen und im Park grillen zu gehen, ist schwierig. Und er ist in der Anschaffung teuer! Ein guter Gasgrill kommt auf einige hundert Euro. Gas ist auch teurer geworden. Beim Kauf sollten Sie genau hinschauen. Stiftung Warentest checkte im März 2023 einige Geräte und stellte dabei Erschreckendes fest: Manche von ihnen – darunter auch Markengeräte – dünsten Schadstoffe aus, die beim Grillen auf Steak, Bratwurst oder Gemüse übergehen. Nicht alle Gasgrills im Test wurden daher als empfehlenswert eingestuft.[12]

In Zeiten des Klimawandels wollen wir auch genau schauen, inwieweit der Gasgrill besser sein könnte für die Umwelt. Die Schweizer Umweltberatung »Atlantic Consulting« errechnete 2009, wie viel CO_2 beim Grillen mit Holzkohle im Vergleich zum Gasgrillen freigesetzt wird. Dazu simulierte sie eine Grillsituation wie folgt: 150 Mal wurden beide Varianten eine Stunde lang angeworfen. Das ist in etwa die Zeitspanne, die es brauchen würde, zwei Kilogramm Fleisch zu grillen. Der CO_2-Ausstoß beim Kohlegrill war ungefähr dreimal so groß. Das Ergebnis spricht für den Gasgrill.

Wir gehen nahtlos über zum nächsten Vorteil: Der Gasgrill kommt sehr viel schneller auf Temperatur, ist also schneller einsatzbereit. Beim Grillvorgang tropft überdies kein Fett in die offene Flamme, da es keine gibt. Da freut sich unsere Gesundheit, denn dabei können krebserregende Stoffe entstehen. Und da die ganze Sauerei mit der Kohle wegfällt, ist der Gasgrill nach Einsatz viel leichter zu reinigen.

MACHEN ODER LASSEN?

Der Gasgrill ist zwar kein King of Umweltbilanz, aber immer noch besser als der Holzkohlegrill. So richtig freuen kann sich die Umwelt erst dann, wenn Sie beim Grillen zusätzlich an Gemüsevarianten statt nur Fleisch oder Wurst denken. Den größten CO_2-Ausstoß beim Grillvergnügen verursacht immer noch Fleisch als Grillgut!

BOXSPRINGBETTEN – BESSER SCHLAFEN?

Wir verbringen 28 Jahre unseres Lebens schlafend im Bett –
wenn wir von einer Lebenserwartung von knapp 84 Jahren und
einer Nachtruhe von acht Stunden ausgehen. Ich schlafe ganz gern,
wenn auch teils zu wenig. Dauerhaft zu wenig Schlaf zu bekommen,
schadet unserer Gesundheit – würden wir es gar nicht mehr tun,
würden wir sogar daran sterben. Damit das mit dem Schlaf wunderbar
funktioniert, braucht es ein gutes Nachtlager. Viele Menschen schwören
auf ein Boxspringbett. Es sieht schick aus und in allen erdenklichen
Varianten erhältlich. Ist das Boxspringbett aber wirklich so grandios,
wie viele behaupten?

WARUM GUTER SCHLAF SO WICHTIG FÜR UNS IST

Beim Schlafen fährt der Körper einmal komplett runter und geht sozusagen in Standby. Der Stoffwechsel verlangsamt sich, viele Körperfunktionen werden heruntergedrosselt. In diesem Modus kann der Körper Schäden besser reparieren. Und da gibt es jede Nacht eine ganze Menge zu tun für ihn. Das Gehirn vollzieht im Schlaf ebenso Wesentliches. Es verarbeitet die vielen Informationen, die tagsüber auf uns einprasselten. Dabei entscheidet es blitzschnell, was davon dauerhaft von der Festplatte gelöscht werden kann und was wiederum ins Langzeitgedächtnis wandern soll, da wir die Info eventuell noch mal gebrauchen könnten. Dann kommt es in unser internes Datenarchiv. Regelmäßig ausreichend zu schlafen, beugt schweren Krankheiten vor – Herzerkrankungen, Schlaganfälle oder Diabetes zum Beispiel. Wie viele Stunden wir brauchen, damit wir von »gesund« sprechen können, ist noch nicht ganz klar bekannt, schätzungsweise aber zwischen 6 und 9 Stunden. Das ist sehr individuell. Damit wir überhaupt in einen guten Schlaf finden, ist das Umfeld bedeutend. Nicht zu warm soll es sein, aber auch nicht zu kalt. 10 Grad sind perfekt. Davon träumen im Sommer viele Menschen, wenn sie schwitzend bei fast 30 Grad in ihren Betten liegen. Auch sollte es ruhig sein und es sollten keine technischen Geräte durch die Gegend flimmern. Schließlich sind natürlich auch Bett und Matratze von immenser Bedeutung. Schlecht gebettet schläft sich's schlecht. Für den einen sind harte Matratzen bequem, für den anderen weiche. Manche schlafen lieber in Bodennähe, andere etwas höher. Zur letzten Gruppe gehöre ich. Ein Futonbett mit maximal 30 Zentimeter Höhe wäre gar nichts für mich. Deswegen ist das Boxspringbett für mich optimal, da es schön hoch ist.

RÜCKBLICK: WO KOMMT DAS BOXSPRINGBETT URSPRÜNGLICH HER?

Wer Fan amerikanischer Serien und Filme ist, hat es sicher schon bemerkt. Die Amerikaner sind Boxspringbetten-Fanatiker. Dort wurde es Ende des 19. Jahrhunderts auch erfunden. Heinrich Westphal meldete 1871 ein Patent darauf an. Ab 1890 begannen die ersten Firmen mit der Produktion der Betten. Mit der Konstruktion wollte man erreichen, dass die Matratze besser belüftet wird. Anfangs war das nur für den Hotelbetrieb interessant. Den Gästen sollte zudem ein besonders luxuriöses Schlaferlebnis geboten werden. Erst viele Jahrzehnte später bekamen die Deutschen mit, dass es ein Bettsystem gibt, das ganz anders ist als das, was sie hierzulande kannten. Richtig populär wurden Boxspringbetten hier jedoch erst ab den 90er Jahren.

WIE IST EIN BOXSPRINGBETT AUFGEBAUT?

Statt auf einem Lattenrost liegt die Matratze auf einem kastenartigen Untergestell. Dieses besteht aus einem Rahmen, meist aus Massivholz, sowie der Federung. Auf der Matratze – die (Taschen-)Federkern besitzt – liegt wiederum ein nur wenige Zentimeter hoher Topper aus geschäumten Material.

WAS SPRICHT FÜR EIN BOXSPRINGBETT UND WAS DAGEGEN?

Die drei Lagen des Systems sind extrem rückenfreundlich. Das Gewicht verteilt sich darauf viel besser als auf einem Lattenrostbett. Menschen, die ein paar Kilogramm mehr auf die Waage bringen oder Probleme mit dem Rücken haben, werden das sofort merken. Die Matratze drückt sich an Schultern und Hüfte tiefer ein als an anderen Stellen. Das schont den Rücken sowie die Gelenke. Auch Allergiker sind mit einem Boxspringbett gut bedient. Die Feuchtigkeit kann besser abgeleitet werden. Tut sie das nicht, explodiert der Bestand an Schimmelpilzen und Milben, denn wo viel Feuchtigkeit herrscht, fühlen die sich besonders wohl. Aus persönlicher Erfahrung kann ich außerdem sagen: Man kommt morgens richtig gut aus dem Bett, wenn man höher gebettet schläft. Es hat schon was, sich bequem von oben herunter in den Tag gleiten zu lassen, anstatt sich beschwerlich von unten nach oben hieven zu müssen.

Der Preis ist so eine Sache. Gute Boxspringbetten kosten eine Stange Geld. Der aufwändige schichtartige Aufbau eines solchen Betts macht das Schlafvergnügen teuer. Discounter bieten Boxspringbetten zwar zum Schnäppchenpreis an, aber da stimmt dann halt einfach die Qualität nicht.

Will man im Verlauf seines Boxspringlebens eines der Teile austauschen, wird das etwas kompliziert. Bei einem normalen Lattenrostbett lassen sich Bettgestell, Rost oder Matratze jederzeit einzeln ersetzen. Beim Boxspringbett geht das meist nicht so leicht. Es nimmt zudem mehr Platz in Anspruch und der Transport ins traute Heim gestaltet sich etwas beschwerlicher.

MACHEN ODER LASSEN?

Ja, die Anschaffung ist teuer. Ich möchte dennoch ein MACHEN empfehlen. Für viele Menschen könnte sich die Anschaffung gesundheitlich langfristig lohnen.

WIE SINNVOLL SIND SMARTWATCHES?

Wie smart sind Sie schon unterwegs? Mein Mann und ich sind richtige »Smarties«. Smarte Heizungsthermostate, smarte Sprachassistenten in jedem Zimmer, eine smarte Steuerung des Lichts und sogar die Lichterkette am Weihnachtsbaum ist smart. So hat eben jeder seine kleine Macken. Mir gefällt diese digitale Spielerei und oft bringt sie ja auch echte Vorteile. Ob das bei den Smartwatches auch so ist, werden Sie jetzt erfahren. Was können sie? Und gibt es gar Gefahren bei der Nutzung? Bevor ich mich ins Detail stürze: Natürlich habe ich auch eine! Die Bandbreite aller Möglichkeiten meiner Smartwatch nutze ich jedoch nicht mal im Ansatz. Stehe ich an der Supermarktkasse, krame ich nach wie vor mein Handy aus der Hosentasche, anstatt die Watch zu nehmen. Und mein Blick fällt meist nur auf sie, wenn ich wissen will, wie spät es ist.

WAS KANN EINE SMARTWATCH ALLES?

Die intelligente Armbanduhr mit Touch-Display zeigt an, wenn eine SMS, Whatsapp-Nachricht oder Mail eingetroffen ist. Sie trackt sämtliche sportliche Aktivitäten: Schritte zählen, verbrannte Kalorien messen usw., einige Modelle erstellen sogar ein EKG, messen den Sauerstoffgehalt im Blut oder beobachten das Schlafverhalten. Kurzum: Smartwatches sind kleine technische Wunderwerke. In den Basicleistungen sind sie einander mehr oder weniger ähnlich. Je teurer das Modell, desto mehr Schnickschnack haben sie. Mit entsprechenden Apps lässt sich die schlaue Uhr grenzenlos um weitere Funktionen erweitern. Dazu braucht es die Verbindung zum Handy. Im Endeffekt sind diese »Uhren« Minicomputer sowie Digitalassistent am Handgelenk und schauen obendrein ziemlich cool aus.

WAS SPRICHT FÜR EINE SMARTWATCH UND WAS DAGEGEN?

Für eine gute Antwort kommen wir um die Themen Datenschutz und eventuelle Gesundheitsrisiken nicht herum. Schließlich sammelt die Smartwatch einige sehr persönliche Gesundheitsdaten von ihren Trägern. Bei meinen Recherchen hierfür bin ich zunächst auf einen ganz anderen Aspekt gestoßen, über den ich mir zuvor keinerlei Gedanken gemacht habe. Es geht um Elektrosmog und Strahlenbelastung. Das Netz ist voll von Diskussionen in Foren. Manche Menschen haben Angst, andere ziehen diese

Ängste ins Lächerliche, indem sie argumentieren, dass das genau die Leute wären, die einen Aluhut auf dem Kopf tragen und glauben, dass es Außerirdische gibt. Meiner Meinung nach sollten wir diese Sorgen ernst nehmen und uns daher den Hintergründen annähern.

Smartwatches zählen zu den Geräten mit hochfrequenten Strahlen wie zum Beispiel auch Mikrowellen oder Radar. Das heißt: Ja, die Geräte strahlen, aber: Es gibt bisher keinen wissenschaftlich fundierten Beweis, der einen Zusammenhang zwischen Strahlung und gesundheitlichen Auswirkung erklären würde. Eine internationale europäische Langzeitstudie dazu wurde bereits 2007 begonnen, läuft immer noch, und es wurde bisher noch nicht über negative gesundheitliche Effekte der Smartphone/Smartwatch-Nutzung berichtet. Auch das Bundesamt für Strahlenschutz immerhin gibt an, dass die Strahlung von Elektro- und elektronischen Geräten nicht ausreicht, um unser Erbgut zu schädigen.[13]

Wenden wir uns nun dem Datenschutz zu. Was geschieht mit den Gesundheitsdaten, die die Smartwatch sammelt? Werden diese womöglich an Versicherungen weitergeleitet, die einen aufgrund dessen als potenziellen Kunden ablehnen? Ich würde Sie dahingehend sehr gerne beruhigen und handfeste Stichworte liefern. Das ist aber leider nicht möglich. Die Hersteller halten sich diesbezüglich extrem bedeckt. Niemand will so ganz genau verraten, was mit den Daten passiert. Die Einschätzung des Bundesamts für Sicherheit in der Informationstechnologie kann dahingehend nicht beruhigen – Fitnesstracker werden als relativ unsicher angesehen, was den Datenschutz betrifft[14]. Ich müsste in eine Glaskugel schauen, um Ihnen genau aufzuzeigen, was mit den Daten passieren könnte. Wohin sie eventuell verkauft und wie von wem sie im Detail genutzt werden, wissen nur die Hersteller. Und die schweigen dazu wie ein Grab.

Und dann droht da noch eine weitere Gefahr: Hacker! Denn natürlich können Smartphones auch gehackt werden. Dann gelangen die persönlichen Daten in Hände, in denen wir sie garantiert nicht wissen wollen. Die Gefahr steigt, da ja auch unser Smartphone mit der Smartwatch verbunden sind. Und genau dort sollte man die größtmögliche Cyberschutzmauer auffahren, die möglich ist: Sichere Passwörter wählen, diese regelmäßig wechseln, Updates sofort ausführen, Apps vor dem Herunterladen genau checken, Virenscanner nutzen, sofern das beim Hersteller machbar ist.

Kommen wir nun zu den Pros der Smartwatches. Bargeldlos an der Kasse bezahlen? Die Smartwatch macht's und uns mit dieser Funktion noch freier, da wir weder Geldbörse noch Handy zum Bezahlen brauchen. Freiheit ist ein passendes Stichwort auch in einer anderen Sache. Je nach Modell lässt sich mit ihr das smarte Zuhause steuern und navigiert uns zuverlässig an jeden Ort der Welt.

MACHEN ODER LASSEN?

Von mir gibt es ein LASSEN wegen der vielen ungeklärten Unsicherheiten, gerade bei den Gesundheitsdaten. Das Risiko, dass diese in falsche Hände gelangen, ist die Spielerei nicht wert. Zum Tracken von Fitnessaktivitäten gibt es andere Möglichkeiten, bei denen die Daten garantiert nicht in der Cloud landen, weil hier keine Kopplung mit dem Handy stattfindet. Ich finde es bedenklich, wenn wir solche sensiblen Daten mit großen Tech-Konzernen teilen. Unser Surfverhalten im Internet zu teilen ist die eine Sache, aber Daten zum Herzschlag, zu meinem Schlafverhalten oder meinen Aktivitäten, das ist etwas ganz anderes. Diese Dinge sind zutiefst persönlich und sollten es immer bleiben. Niemand weiß, was mit diesen Daten in der Zukunft vielleicht gemacht wird, etwa ob diese Informationen irgendwann herangezogen und gegen Sie ausgespielt werden, wenn Sie eine Kranken- oder Lebensversicherung brauchen …

SIND REFURBISHED SMARTPHONES EINE GUTE ALTERNATIVE ZUM NEUKAUF?

Rein rechnerisch besitzt jeder Mensch auf dieser Erde ein Handy. Und meistens bleibt es nicht bei diesem einen. Eventuell liegt irgendwo in einer Schublade noch der Vorgänger (womöglich sogar der Vorvorgänger) und nicht selten nutzen User auch zwei Handys, eines privat, eines geschäftlich. Für die Schubladenleichen hat die Statistik eine Zahl auf Lager, die aufhorchen lässt. Wir Deutschen haben sage und schreibe 210 Millionen ausrangierte Handys irgendwo zu Hause herumliegen. Da wir uns im Durchschnitt alle drei Jahre einen neuen digitalen Begleiter leisten, kommen immer mehr solcher »Handyleichen« hinzu.

Könnte man mit denen nicht etwas Sinnvolles anstellen? Statt sie noch länger in den Schränken zu belassen oder in den Müll zu werfen, könnten daraus viele neugeborene und damit wieder nutzbare Handys werden – vom Fachmann generalüberholt oder wie es fachsprachlich heißt: refurbished. Das wirft die Überlegung auf, ob es nicht eine coole Alternative wäre, sich beim nächsten Kauf für ein solches refurbished Smartphone zu entscheiden. Das spart viel Geld und bringt eine Menge Pluspunkte fürs Klima. Ob das ratsam ist, klären wir nachfolgend.

KLIMAKILLER HANDY?

Beim Wort Klimakiller denken viele erst mal an einen Kohleofen oder ein Kreuzfahrtschiff. Dass auch ein Handy das Klima killt, sieht man dem schicken kleinen Gerät gar nicht an. Und doch ist es so, denn knapp drei Viertel der weltweit gesamten CO_2-Emissionen werden bei der Herstellung von Smartphones freigesetzt. Was für eine Wahnsinnszahl! Die fürs Handy gebrauchten Rohstoffe abzubauen – wie beispielsweise Aluminium und Kobalt –, frisst massenhaft Energie. Das Plastik an den Telefonen war in seinem früheren Leben Erdöl. Speicher- und Grafikchips bestehen aus Siliziumscheiben. Bis diese ins Smartphone gelangen können, braucht es Unmengen an Wasser. Gebaut werden die Handys überwiegend in asiatischen Ländern, beispielsweise China. Dort ist Kohle der meistgenutzte Energieträger. Kurzum: Jedes neu produzierte Smartphone belastet die Umwelt extrem.

WAS SPRICHT FÜR REFURBISHED SMARTPHONES UND WAS DAGEGEN?

Refurbished bedeutet wortwörtlich übersetzt »renoviert«. Aufbereitungs-Werkstätten testen, überprüfen, reinigen und ersetzen veraltete oder kaputte Teile des Handys und verkaufen diese dann zum Schnäppchenpreis weiter. Das Siegel »refurbished« darf nur ein Handy bekommen, das bezüglich Hardware und Software einwandfrei ist. Damit sind wir beim ersten Pluspunkt, denn beim Kauf gibt es eine Gewährleistungsgarantie von mindestens 12 Monaten, oft sogar noch länger. Und die meisten Händler räumen ein großzügiges Rückgaberecht von 14 oder gar 30 Tagen ein. In dieser Zeit lässt sich das Handy risikolos auf Herz und Nieren testen. Seit dem 1.1.2022 muss jeder Anbieter zudem nachweisen können, dass ein beanstandeter Mangel zum Zeitpunkt des Kaufs noch nicht vorhanden war.

Die unangefochtenen Top-Pros sind jedoch: Nachhaltigkeit und Preis. Fabrikneue Premiummodelle liegen bei einem schwindelerregenden Neupreis von 1000 Euro und mehr. Wiederaufbereitete Geräte lassen sich zum Schnapper mit stellenweise über 50 Prozent Ersparnis ergattern. Für die Umwelt sind refurbished Smartphones nach meiner Ansicht das dickste Plus auf der Pro-Liste – mit mindestens fünf Ausrufezeichen dahinter. Es bedeutet weniger CO_2-Emissionen und sehr viel weniger Müll.

Zu den Minuspunkten: Gebrauchte, wiederaufbereitete Smartphones bringen Gebrauchsspuren mit sich. Kleinere Kratzer können immer sein. Damit muss man leben können. Der Akku macht auch früher schlapp. Im Schnitt bis zu 2 bis 3 Stunden schneller. Vor Nutzung eines refurbished Smartphones würde ich unbedingt die Softwareupdates und Sicherheitspatches checken. Die sind mitunter nicht auf dem neuesten Stand. Das öffnet Tür und Tor für Viren und Hacker. Vorsicht ist ebenso angebracht, wenn ein Hinweis »unbekannte Bauteile« zu finden ist. Das heißt nichts anderes, als dass beim Aufbereiten des Betriebssystems billigere Alternativteile genutzt wurden. Gerade bei Apple sind Originalteile ja sehr teuer. Das muss nichts heißen und schon gar nicht, dass die No-Name-Teile schlechter sind.

Wer es für sich herausfinden will, sollte das Handy gut testen und beobachten. Geht die Kamera? Funktionieren die Lautsprecher und wie sieht das Display aus? Da gibts die meisten Schwachstellen, deswegen hier auf Kratzer, Pixelfehler und Helligkeit achten. Der Akku lässt sich genauso einfach checken. Dazu das Smartphone einfach mal 24 Stunden anlassen. Taugt der Akku noch etwas, hält er die 24 Stunden gut durch.

MACHEN ODER LASSEN?

Geld sparen und der Umwelt Gutes tun, beides wird beim Kauf von refurbished Smartphones zu 100 Prozent erfüllt. Daher: MACHEN! Die eventuellen Nachteile halte ich für vertretbar, da man die wiederaufbereiten Smartphones ausgiebig checken und bei Nichtgefallen zurückschicken kann. Außerdem zeigen viele Tests, dass sie eine empfehlenswerte Alternative zum Neukauf sind – für den Geldbeutel und das Klima.

WAS TAUGEN GENERALÜBERHOLTE HAUSHALTSGERÄTE?

Die Waschmaschine streckt die Flügel. Eine neue muss her,
doch die ist ganz schön teuer. Kein Problem! Es gibt ja überall
Gebrauchtgeräte zu kaufen. Privat und von Händlern, online wie offline.
Könnte man sich ja mal ein bisschen umschauen. Zudem lockt der
Nachhaltigkeitsgedanke. Wer gebraucht kauft, tut der Umwelt Gutes.
Doppeltes Pro für den Gebrauchtgerätekauf. Auf was müssen wir dabei
achtgeben und lohnt sich ein gebrauchtes Schnäppchen in jedem Fall?
Wo lauern eventuell auch Reinfälle? Wir klären das jetzt!

GEWÄHRLEISTUNG BEI GEBRAUCHTGERÄTEN

Als Verbraucher haben wir auf alles, was wir beim Händler kaufen, ein Recht auf Gewährleistung. Der Händler wird dadurch in die Pflicht genommen, dass die verkauften Produkte funktionieren – für Neugeräte 24 Monate lang, für gebrauchte 12 Monate. Geben sie innerhalb dieser Zeit den Geist auf oder machen Dinge, die sie nicht tun sollen, muss er den Mangel abstellen. Je nachdem, worum es da geht, kann er das Produkt reparieren oder gegen ein anderes tauschen. Selbstverständlich nur, wenn wir nicht grob fahrlässig mit dem Gerät umgegangen sind. Den Trockner einmal rundherum mit dem Vorschlaghammer zu bearbeiten und dann zu sagen: »Och, kaputt«, geht also nicht. Und auch wenn wir ein Gerät ursächlich falsch bedient haben, ist die Gewährleistung dahin. Es empfiehlt sich deswegen, die Gebrauchsanleitung stets gut zu lesen. Denn so mancher Fauxpas passiert auch unwissentlich.

Wichtig: Auch bei B-Ware greifen die 24 Monate für Neuware, da es sich um ein neues Gerät handelt, das lediglich einmal ausgepackt und kurz ausprobiert wurde. Kaufen wir ein Gebrauchtgerät von einer Privatperson, darf diese die Gewährleistung ausschließen.

WAS SPRICHT FÜR GEBRAUCHTE HAUSHALTSGERÄTE UND WAS DAGEGEN?

Vor einigen Jahren bestand zu Recht die Befürchtung, dass gebrauchte Geräte nicht den modernsten (höchsten) Energieeffizienzklassen entsprächen. Das ist heute nicht mehr bei allen Produkten so. Es gibt längst eine Menge gebrauchter Geräte, die ihr Werk grenzenlos sparsam tun. Da einfach auf die Beschreibung achten. Allerdings entpuppt sich nicht jedes Schnäppchen im Nachhinein als solches – unter anderem aus obigen Gründen. Einige Geräte taugen nichts als Gebrauchte. Es kommt sehr darauf an, was Sie suchen. Davon ist abhängig, ob es einen Daumen nach oben oder einen Daumen nach unten gibt.

- **Beispiel Waschmaschine:** Lohnt sich gebraucht in jedem Fall. Markenhersteller werben mit einer Lebensdauer von 15 Jahren. Sie hält aber meistens sehr viel länger.
- **Beispiel Ablufttrockner:** Ihre Technik verbesserte sich in den letzten Jahren erheblich. Ein zehn Jahre alter Trockner steht bereits kurz vor Scheintod hinsichtlich seiner Energieeffizienz – er verbraucht teilweise bis zu fünf Mal mehr Strom als seine Neuzeitkumpels. Da würde ich bei Gebrauchten schon etwas genauer hinsehen und nicht zu weit im Jahrgang zurückgehen.
- **Beispiel Backofen:** Backöfen sind kaum kaputtzubekommen. Da müsste schon viel passieren. Der Energieverbrauch fällt nicht wesentlich ins Gewicht, da er nicht ständig im Gebrauch ist. Tipp: Bestenfalls einen europäischen Markenhersteller auswählen. Da gibt's auch noch nach 25 Jahren Ersatzteile wie zum Beispiel den Dichtungsgummi.
- **Beispiel Spülmaschine:** Eher Vorsicht damit! Die Elektronik ist viel empfindlicher als bei Waschmaschinen. Wer sich für eine gebrauchte entscheidet, sollte die Spülmaschine unbedingt vor Gebrauch einmal gut mit Maschinenreiniger durchlaufen lassen.
- **Beispiel Kühlschrank:** Lieber nicht gebraucht kaufen! Ein Kühlschrank altert schneller als andere Haushaltsgeräte. Drei Jahre nach dem Kauf verbraucht er schon mehr Energie als beim Neukauf, da er mit der Zeit seine Dämmung verliert. Nach zwölf Jahren verbrät er bereits 20 Prozent mehr Energie als ursprünglich.

MACHEN ODER LASSEN?

Generalüberholte Produkte schonen Ressourcen. Ich spreche mich mit einem MACHEN dafür aus, gebrauchte Geräte bis zu ihrem natürlichen Tod zu verwenden, anstatt sie vorschnell wegzuwerfen. Natürlich nur dann, wenn sich das beim Energieverbrauch rechnet. Wichtiger Tipp: Immer auf die Artikelbeschreibung achten. Die Angaben darin sind verlässlich. Auch ist die Beschreibung ein wichtiger Nachweis, sollte das Gerät nicht halten, was man sich beim Kauf vorstellte. Bei einem seriösen Händler gibt es ein 14-tägiges Rückgaberecht. Solche Händler sind beispielsweise an ihrem Trusted-Shop-Logo zu erkennen.

WIE GUT SIND BIO-PUTZMITTEL?

Dieser Tage habe ich einen Beitrag im TV gesehen von Menschen, deren Hobby das Putzen ist. Sie blühen auf, wenn sie putzen können. Ich bin das krasse Gegenteil. Putzen gehört nicht zu meinen Lieblingsbeschäftigungen. Mein Mann tickt da ähnlich und das sehe ich als großen Vorteil, denn wenn Putzmuffel auf Putzteufel trifft, kann es schon mal knallen. Gemeinsam raffen wir uns regelmäßig dennoch auf und gehen unserer Putzpflicht nach. Früher nutzte ich dazu in Bad und Toilette den schärfsten Rohrreiniger, den man kriegen konnte. Wenn schon, dann gnadenlos hygienisch rein. Davon lasse ich längst die Finger und schaue lieber, dass ich insgesamt Putzmittel verwende, die unserer Umwelt nicht schaden. Das Biosegment lässt da keine Wünsche mehr offen: Es gibt alles – vom fertigen Mittel bis zu solchen, die man selbst anmischen kann. Im letzten Fall ein Tab oder eine Portion Pulver einfach in Wasser auflösen und der Badreiniger ist innerhalb von Sekunden gezaubert.

RÜCKBLICK: WIE PUTZTEN DIE MENSCHEN FRÜHER?

Den Frühjahrsputz kennen wir heute noch. Ihn gab es schon bei den alten Römern, die alle Jahre wieder in den Reinigungswahn verfielen. Im Februar jagten sie den Winter mitsamt dem Schmutz aus dem Haus. Auch im alten Persien wurde zum Neujahrsfest, das zur Tagundnachtgleiche, also um den 20. März gefeiert wird, das Haus gründlich geschrubbt. Der Brauch führte sich vielerorts fort und ist ein zahlreichen Kulturen zu finden. Nachdem an langen Wintertagen täglich der Ofen befeuert worden war, Ruß und Staub sich im ganzen Haus verteilt hatten, war der Frühjahrsputz auch dringend nötig. Dann hieß es: Sämtliche Möbel raus und saubermachen. Dazu verwendeten die Menschen früher eine Mischung aus Holzasche und Fett – die erste Art von Seife, die bereits lange vor unserer Zeitrechnung von den Sumerern erfunden wurde –, Scheuersand oder Soda. 1861 wurde Soda zum ersten Mal industriell hergestellt. Es war damit für fast jedermensch erschwinglich. Die Hausfrauen reinigten damit Geschirr, Möbel und die gute Stube.

WAS STECKT DRIN IN DEN BIO-PUTZMITTELN?

Auf deren Verpackungen ist oft eine Vielzahl an Siegeln zu finden mit den Worten »bio«, »natürlich«, »öko«. Diese Bezeichnungen sind bei Reinigungsmitteln nicht geschützt. Jeder kann sein Putzmittel benennen, wie er will – mit den Worten, die er möchte. Sind biologische Inhaltsstoffe drin, darf der Hersteller das Putzmittel »bio« nennen. Es können trotzdem schädliche Inhaltsstoffe enthalten sein. Die Bezeichnung hat also keinerlei Aussagekraft. Ein Blick auf die Rückseite der Mittel zeigt, dass die Liste der Inhaltsstoffe genauso verwirrend aussehen kann wie bei so manchem industriellen Fertigprodukt. Viele Namen finden sich darauf, von denen wir noch nie gehört haben.

Beispiel: Auf einem Produkt fand ich als Inhaltsstoff Orangenöl. Das wirkt hautreizend und kann Organismen im Wasser schädigen, da es schlecht abgebaut wird. Das Wort »öko« auf diesem Reinigungsmittel führt ergo komplett in die Irre. Ja, es handelt sich um einen natürlichen Inhaltsstoff. Jedoch um keinen, den ich als besonders ökologisch bezeichnen würde. Auch natürliche Stoffe können in bestimmter Konzentration Menschen krank machen und die Umwelt belasten. Schauen wir uns einige weitere Inhaltsstoffe an:

- Tenside: Sie sind die eigentlichen waschaktiven Substanzen in Reinigungsmitteln. Sofern sie nicht aus Erdöl gewonnen wurden, stammen sie aus Palm- oder Kokosöl. Niemand weiß, wie viel Regenwald für den Anbau dieser tropischen Gewächse gerodet wurde – sicher ist, jeder Hektar verlorener Regenwald ist einer zu viel. Auch die so genannten Zuckertenside (auf der Liste der Inhaltsstoffe u. a. als Alkylpolyglycoside und N-Methylglucamide bezeichnet) werden in der Regel aus Palmöl hergestellt. Sie sind wenigstens gut biologisch abbaubar. Einige Produzenten verwenden inzwischen regionale Ölpflanzen für die Tenside in Ihren nachhaltigen Reinigungsprodukten: z. B. Sonnenblumenkerne oder Rapssamen. Aktuell werden sie noch in sehr geringer Menge eingesetzt. Auf wirtschaftlicher Ebene sind sie im Vergleich zu Tensiden auf Erdölbasis momentan einfach noch nicht konkurrenzfähig.
- Phosphate: Sie führen zu einem Überangebot von Nährstoffen in Gewässern und lassen Wasserpflanzen exzessiv wachsen, schlimmste Folge, die Gewässer »kippen um«, weil die Masse an abgestorbenem Pflanzenmaterial den Sauerstoff im Wasser aufbraucht. Seit Jahren sind Phosphate daher bereits in der gesamten EU als Zusatz zu Textilwaschmitteln verboten. Kaum zu glauben, aber auch sie sind in einigen Bio-Reinigungsmitteln zu finden. Ein Glück für uns und die Natur: Die Kläranlagen fällen heutzutage das Phosphat aus, es gelangt nicht mehr in die nachgelagerten Gewässer. Dennoch: Phosphate zu vermeiden, entlastet selbstverständlich die Umwelt!
- Duftstoffe: Finden sich in Bio -Reinigern ebenso wie in konventionellen Putzmitteln. Eine Menge von ihnen wirkt potenziell allergieauslösend, auch natürliche Stoffe. Leider muss der jeweilige Duftstoff auf der Liste der Inhaltsstoffe nicht genau deklariert sein, auch nicht auf Bio-Putzmitteln.

SIND BIO-PUTZMITTEL WIRKSAM?

Das Umweltbundesamt empfiehlt maximal vier Reiniger für den Haushalt:

- einen neutralen Allzweckreiniger für Fußböden, Fenster sowie fast alle Oberflächen
- Scheuerpulver bei hartnäckiger Verschmutzung
- Essigreiniger für Kalkablagerungen und Urinstein
- Handspülmittel für das Geschirr – kann auch als Allzweckreiniger genommen werden[15]

Vorausgesetzt, man ist bereit, einen Teil der chemischen Wirkung durch mechanische Arbeit zu ersetzen, kann man sich natürlich auch natürlicher, ökologisch unbedenklicher Basis-Mittel bedienen z. B.:

- Gallseife – Kernseife mit Gallensalzen – eignet sich gut zur Fleckentfernung, besonders bei fett-, Eiweiß- und farbstoffhaltigen Flecken.
- Zitronensäure oder Essig wirken effizient gegen dünne Kalkablagerungen.
- Soda bzw. Backpulver machen zusammen mit Essig – jedem verstopften Abfluss den Garaus.
- Natron ist – in flüssiger Form – ein bewährtes Fleckenlösemittel und verhilft zu glänzenden Oberflächen im Haushalt.
- Natron lässt Teppichböden neu erstrahlen. Es entfernt Gerüche und kleinere Verunreinigungen.
- Wiener Kalk – pulverisiertes Dolomitgestein (Kalzium, Magnesium) – ein mildes Scheuermittel, das Glas und Porzellan nicht angreift.

Doch zurück zu den kommerziellen Produkten: Einige Siegel sind hier durchaus vertrauenswürdig: Putzmittel mit den Kennzeichnungen von Eco Garantie, ECOCERT, EU-Ecolabel, Leaping Bunny oder Vegan Society sind ökologischer und biologischer als Mittel ohne diese Siegel.[16]

MACHEN ODER LASSEN?

Hier geht es mir nicht um Omas Hausmittel, sondern um fertig verpackte, gut vermarktete Bio-Putzmittel. Worte und Abbildungen auf den Verpackungen führen häufig in die Irre. Auch bei Bio-Reinigungsmitteln. Deswegen: LASSEN! Selbstverständlich gibt es Reinigungsmittel, die der Umwelt weniger schaden. Mit der ToxFox-App des BUND lässt sich das vor dem Kauf checken. Einfach den Barcode scannen, danach kommen eventuelle Werbelügen sofort ans Licht. Auf der Seite »Siegelklarheit.de« sind zudem alle Siegel aufgelistet, denen man trauen kann, zum Beispiel der Blaue Engel oder das EU-Ecolabel.

PUTZMITTEL SELBST MISCHEN – EINFACH MÖGLICH DURCH TABS?

Da mir Putzen so unglaublich viel Spaß macht, bleiben wir noch eine Runde beim Thema. Das war natürlich ein Scherz. Wie Sie aus dem vorherigen Beitrag nun wissen, kann ich diese Putzerei nicht ausstehen. Vor allem im Bad, das ist der reinste Gräuel für mich. Meine Traumlösung zum Badputzen wäre ein Hochdruckreiniger. Den auf höchste Stufe gestellt einmal ins Bad reinhalten und den Dreck im Handumdrehen abpusten. Das wär's! Im Beitrag zuvor haben wir uns mit Bio-Putzmitteln beschäftigt. Nun werfen wir ein Auge auf die Tabs, die wir zu Hause mit Wasser zu einem fertigen Putzmittel mixen können. Social Media ist voll mit solchen Produkten. Sie sind gerade ganz groß im Kommen. Sie verringern den Plastikmüll, da ein Tab weniger Verpackung braucht als die Literflasche fertiges Putzmittel. Ein Hurra hallt durch die Welt: Die Hersteller haben endlich etwas Brauchbares erfunden, um CO_2-Emissionen einzusparen. Ob das wirklich stimmt und wie umweltfreundlich diese Produkte sind, klären wir jetzt.

DIE VERSPRECHEN DER HERSTELLER

Ich reagiere aus Erfahrung empfindlich, wenn die Hersteller große Versprechen in den Mund nehmen. Bei den Tabs erklären sie, dass wir mit ihnen die Wohnung putzen können, ohne die Umwelt zu belasten. Die Begründung lautet wie folgt: »Warum sollten wir das Putzmittel erst mit Wasser aufwändig herstellen, es bei uns in der Fabrik in große, schicke Plastikflaschen abfüllen und dann erst zu euch bringen? Der Tab ist doch viel besser! Das spart massenhaft CO_2, denn die vielen Wassertransporte fallen damit weg.« Das klingt für mich erst mal positiv und auch vernünftig.

Denken wir die Idee mit den Tabs mal logisch weiter: Im Schnitt entstehen in Deutschland pro Jahr knapp 20 Millionen Tonnen Verpackungsmüll[17]. Das meiste davon wird recycelt. Vieles landet leider trotzdem in Seen, Flüssen und den Weltmeeren – oder wird in Drittweltländer exportiert, die dann schauen müssen, was sie damit anstellen. Jede Verpackung weniger hilft, diesen Müllberg zu reduzieren. Die Sache mit den Tabs ist an und für sich also super. Was steckt in denen jedoch an Inhaltsstoffen? Sind diese ebenso zu bejubeln?

WORAUS BESTEHEN DIE TABS?

Ich begutachte dazu die Produkte des Marktführers. Dieser hat seine Produktpalette seit den Anfängen inzwischen enorm ausgeweitet: Zuerst fing es mit Spülmittel und Allzweckreiniger an, mittlerweile gibt es WC-Reiniger, Badreiniger, Küchenreiniger und vieles andere mehr in Tab-Form. Einen Allzweck- und einen Badreiniger habe ich mir näher angeschaut und bin die Liste der Inhaltsstoffe durchgegangen. Diese ist ellenlang – und das überraschte mich in diesem Fall etwas. Ich hatte mit weniger gerechnet. Auszugsweise einige bei nur einem Reiniger deklarierten Stoffe:

Citric Acid, Sodium Carbonate, Sodium Bicarbonate, Sodium C12-18 Alkyl Sulfate, Potassium Carbonate, Alcohols, C16-18 ethoxylated, Potassium Sorbate, Sodium Benzoate, Sodium Citrate, Trisodium Dicarboxymethyl Alaninate, Sodium Carbonate Peroxide, TAED, Glycerin, Alkoxylated Alcohols, Parfum, Alcohols, C10-18 ethoxylated, Alkoxylated Alcohols, Colorant, Denatonium Benzoate, Sodium Sulfate

Das sagt mir erstmal rein gar nichts. Deswegen habe ich die ToxFox-App checken lassen, ob etwas davon brenzlig ist. Die App ist vom BUND. Sie scannt die Barcodes und prüft Putzmittel und Kosmetika auf kritische Inhaltsstoffe. Leider kannte ToxFox das von mir ausgesuchte Test-Putzmittel noch nicht. Der App lagen keinerlei Daten vor. Ich habe mir also alle Inhaltsstoffe einzeln vorgenommen und geprüft, welche Informationen ich dazu finde. Die Inhaltsstoffe sind durchaus handelsüblich. Und es waren keine darunter, die für die Herstellung von Reinigungsmitteln verboten wären.

Was heißt das nun? Unterm Strich sind die Inhaltsstoffe okay – außer vielleicht für empfindliche Menschen, die auf den einen oder anderen Stoff reagieren könnten. Das halte ich für vertretbar.

WAS SPRICHT FÜR UND WAS GEGEN DIE NUTZUNG VON REINIGUNGSMITTEL-TABS?

Es scheint, als ob die Tabs nicht besser oder schlechter als gängige Putzmittel sind, jetzt mal nur von den Inhaltsstoffen ausgehend. Manche Hersteller haben sich beim Tab für eine noch umweltverträglichere Auswahl an Inhaltsstoffen entschieden. Diese liegen auf etwa dem Niveau von Öko-Putzmitteln. Der klare Vorteil liegt allerdings eindeutig in der besseren CO_2-Bilanz aufgrund der reduzierten Verpackung. Leider werden sie extrem teuer verkauft. Ein Tab kommt auf um die 1,60 Euro. Die vergleichbare Menge eines fertigen Reinigers ist für die Hälfte zu bekommen.

MACHEN ODER LASSEN?

Den Umweltgedanken dahinter finde ich top. Die Tabs aber bekommen von mir dennoch ein LASSEN. Der Preis ist einfach nicht gerechtfertigt. Alternativ lassen sich Putzmittel mit wenig Aufwand und Geld selbst herstellen. Das bekommt der Umwelt sogar noch besser. Dazu braucht es nur wenige Zutaten wie zum Beispiel Zitronensäure oder Natron. Anwendungsempfehlungen und auch Mischanleitungen gibt's haufenweise im Netz zu finden.

WASCHSTREIFEN ALS ALTERNATIVE ZUM WASCHMITTEL

Die Wäsche soll sauber werden und himmlisch gut riechen, wenn sie aus der Waschmaschine kommt. Ein Waschmittel, das beides schafft und auch noch günstig ist, wäre ein Träumchen. Bestenfalls mit so wenig wie möglich enthaltenen Tensiden und Chemikalien zur Schonung der Umwelt. Natürlich ruft vor allem der Umweltgedanke die Hersteller auf den Plan, sich in diesem Spielfeld Neues einfallen zu lassen, wo immer mehr Menschen ihr Kaufverhalten darauf fokussieren. Eine dieser Erfindungen sind die sogenannten Waschstreifen. Kein Gel, kein Pulver, kein Tab, sondern ein unscheinbar aussehendes Waschblatt, das aussieht wie ein dünnes Stück Papier. Der Streifen wird direkt in die Waschtrommel zur Wäsche gelegt. Bei uns zu Hause ist mein Mann für die Wäsche zuständig. Bis jetzt hat er die Streifen noch nicht ausprobiert. Das sollten wir dringend nachholen, denn die verheißenen nur drei Gramm Waschstreifen für strahlend saubere Wäsche klingen durchaus verlockend.

Jährlich spülen wir in Deutschland etwa 540 000 Tonnen Waschmittel in unser Abwasser[18]. Das sind 6,5 Kilo pro Kopf. Diese Zahl könnte drastisch nach unten gehen, wenn wir vermehrt die Waschstreifen nutzen. Die Frage ist, ob diese dasselbe leisten wie ihre pulvrigen Kollegen oder womöglich beim Waschgang die Waschmaschine verstopfen und als klumpiges Etwas irgendwo zwischen Wäsche und Dichtung kleben bleiben.

RÜCKBLICK: WER HAT DIE WASCHSTREIFEN ERFUNDEN?

Ursprünglich sollen die Streifen aus Kanada stammen. Dort gibt es sie schon seit vielen Jahren. Der Schweizer Peter Brülisauer entdeckte sie bei einer Rundreise und führte sie danach in die Schweiz ein, weil er die Idee genial fand. So nahm alles seinen Lauf. Inzwischen gibt es einige Unternehmen, die sie in den Supermarktregalen oder online anbieten. Die magischen Blätter (magic leaves) sollen die viel bessere Lösung zum Wäschewaschen sein. Diese Streifen bestehen komplett aus Waschmittel, sind quasi das Pulver in einer gepressten, flachen Form, die sich während des Waschvorgangs in der Maschine komplett auflösen.

WAS SPRICHT FÜR DEN WASCHSTREIFEN UND WAS DAGEGEN?

Weniger Produkt bedeutet bei den Waschstreifen leider nicht, dass sie weniger kosten. Pro Waschladung kommen sie auf 15 bis 30 Cent pro Waschladung. Ein Discounter-Waschmittel kostet dagegen nur 7 bis 10 Cent. Jedoch sind Waschstreifen immer noch günstiger als Markenwaschmittel. Dennoch kann man mit ihnen sparen. Das liegt an unserer Gewohnheit im Umgang mit Pulverwaschmittel. Wir kippen grundsätzlich zu viel davon in die Waschmaschine. Die Pulver sind inzwischen extrem ergiebig und trotzdem lassen wir uns verleiten, mehr als nötig zu verwenden. Pulver sind schwieriger zu dosieren, daher kommen sie uns teurer, weil wir mehr verbrauchen, als pro Waschladung oft eigentlich nötig wäre. Diese Entscheidung nehmen uns die Streifen ab. Einer pro Wäsche – da kann man nicht viel falsch machen.

Nächster Pluspunkt: Der Waschstreifen ist eine Art reduziertes Kompaktwaschmittel. Es sind weniger Tenside oder andere Chemikalien enthalten. Auf der Wäsche bleibt nichts haften und auch nicht in der Maschine. Sobald der Streifen mit Wasser in Berührung kommt, löst er sich auf – im Gegensatz zum Pulverwaschmittel. Das enthält Mikroplastik, damit eine bestimmte Beschaffenheit des Produkts erzielt oder Grauschleier und Verfärbungen der Wäsche vermieden wird.

Eine Packung Waschstreifen mit 25 Blatt wiegt gerade mal 100 Gramm. Im Vergleich: Flüssigwaschmittel für 25 Waschladungen kommen auf ca. 1,4 Kilogramm und Waschpulver sind mindestens fünfmal so schwer wie die magic leaves. Die Streifen verursachen deswegen beim Transport von den Herstellerfirmen in die Läden viel weniger CO_2 und brauchen zu Hause kaum Platz.

Nachteile: Waschstreifen eignen sich nur für leicht verschmutzte Wäsche. Mit alltäglichen starken Verschmutzungen wie Kakao, Marmelade oder Gras kommen sie an ihre Grenzen. Das hat die Stiftung Warentest im Januar 2023 herausgefunden.[19] Bei Haushalten mit stark kalkhaltigem Wasser kommt man außerdem nicht ohne Wasserenthärter aus. Der ist in den Streifen nicht beigemischt.

MACHEN ODER LASSEN?

MACHEN bei Wäsche mit leichten Verschmutzungen. Für mich hat das Prinzip Waschstreifen echtes Potenzial. Dazu werden in den nächsten Jahren bestimmt noch viele neue Produkte auf den Markt kommen.

ROHFÜTTERUNG – IST BARFEN GUT FÜRS HAUSTIER?

Durch unser Haus flitzen zwei Stubentiger: Simba und Balu. Beide sind sechs Jahre alt und Simba ist leider schon krank; ihre Nieren arbeiten nicht richtig, daher braucht sie spezielles Diätfutter, das wir im Tierfutterhandel kaufen. Eine Familie bei uns im Freundeskreis bereitet die Mahlzeiten für ihren Hund dagegen grundsätzlich frisch zu. Sie »barfen« und ich gebe zu, dass ich das früher etwas belächelt habe, so sehr ich es als Tierliebhaber auch verstehe. Bisher konnten mich die Berichte vieler Menschen auch nicht abschrecken, dass industrielles Futter unsere Lieblinge krank machen würde, da darin Dinge enthalten sind, die da nicht hineingehören. Zucker zum Beispiel. Ich habe den Herstellern da bisher immer vertraut, aber sehen wir uns das doch mal genauer an.

WAS IST BARFEN UND WOHER KOMMT DER BEGRIFF?

Der Begriff kam über die Kanadierin Debbie Tripp auf. Sie nutzte das Wort »Barf« zur Bezeichnung von Hundebesitzern, die ihren Hund roh füttern. Auch das Futter selbst war in ihrer Begrifflichkeit damit gemeint und resultiert aus den Anfangsbuchstaben der Wörter **B**ones **A**nd **R**aw **F**ood. Es bedeutet so viel wie »Biologisches artgerechtes rohes Futter« bzw. »Biologisch artgerechte Rohfütterung«.

Beim Barfen bekommen die Vierbeiner Knochen, Fleisch, Innereien und Fisch als Grundlage. Beigemengt werden pflanzliche Öle, verschiedene Gemüsesorten und bei Bedarf auch Nahrungszusätze. Es geht also nicht allein um eine reine Rohfleischfütterung, sondern um die Ernährung des Haustiers mit überwiegend rohen Futtermitteln. Fast 25 Prozent der Hundebesitzer und 6 Prozent der Katzenbesitzer barfen bereits – teilweise oder ganz[20]. Wenn wir uns den Test von fertigem Hundefutter bei Stiftung Warentest aus dem Jahr 2019 anschauen, kann ich das nachvollziehen. Ein Drittel der getesteten Sorten bekamen ein »mangelhaft«. Darunter auch sämtliche sogenannte Barf-Menüs. Der Test kam zum Schluss, dass wichtige Mineralstoffe und Vitamine fehlten und sich nicht als Alleinfutter eignen. Der Form halber möchte ich aber auch anmerken, dass sechs der getesteten Hundefutter auch ein »sehr gut« abräumen konnten.[21]

Bevor wir zu den Vor- und Nachteilen des Barfens kommen, lassen Sie uns das im Handel erhältliche Tierfutter einmal näher betrachten.

WORAUS BESTEHT TIERFUTTER?

Das Tierfutter unterliegt der Futtermittelverkehrsverordnung in Deutschland. In Österreich gibt es umfangreiche Verordnungen im Futtermittelrecht, die auf ähnlichen Grundlagen beruhen, und auch in der Schweiz gibt es eine eigene Futtermittel-Verordnung. In diesen Gesetzen und Verordnungen steht drin, was alles rein darf ins Futter und was nicht. Auch bestimmen die Verordnungen, was wie genau deklariert werden muss. In der Praxis ist es allerdings so, dass die Hersteller einen großen Spielraum bei vielen Zutaten haben. Das nutzen sie selbstverständlich aus, wo es nur geht. Aus Kostengründen werden Füllstoffe beigemischt, die für mehr Volumen sorgen. Die enthalten zwar keine wertvollen Nährstoffe, machen die Dose oder Schale aber schneller voll. Gern als Füllstoff verwendet werden Pflanzenabfälle wie Schalen, Stängel, Stroh. Alles schön zu einem dicken Brei verarbeitet – lecker! Damit dem Hund oder der Katze der Mix dennoch schmeckt, kommen Geschmacksverstärker hinzu. Ebenso weit verbreitet: »tierische Nebenerzeugnisse«. Klingt schlimmer, als es ist – würden viele Tierbesitzer ihren Gefährten aber dennoch kaum verfüttern. Dazu zählen geschredderte Hufe, Federn, Schnäbel oder Knorpel. Der Vollständigkeit halber muss ich die Farbstoffe, Aromen oder Konservierungsstoffe auch noch erwähnen, die zusätzlich noch beigemischt sein können – die stehen nämlich im Verdacht, Hunde und Katzen langfristig krank zu machen.

Bevor Sie jetzt vor Schreck vom Stuhl kippen, bitte einmal tief durchatmen. Das alles findet sich selbstverständlich nicht grundsätzlich in jedem Tierfutter. Aber: Es wäre als Zusatz laut der Verordnung erlaubt. Obiger Test der Stiftung Warentest konnte diesbezüglich nichts Schlimmes feststellen. Meist ging es um die fehlenden Vitamine und Mineralstoffe. Ein paar Futtersorten hatten zusätzlich zu viel Zucker enthalten.

WAS SPRICHT FÜR DAS BARFEN UND WAS DAGEGEN?

Frisch Gekochtes braucht keine Zusatzstoffe. Alles ist just in time zubereitet und man weiß genau, was drin ist. Als Tierhalter habe ich also die volle Kontrolle darüber, was ich Bello oder Miezi vorsetze. Viele Tierbesitzer schwören, dass ihr Tier seit der Barfen-Fütterung keinen Mundgeruch mehr habe, dafür das Fell seidig glänzend und es im Allgemeinen deutlich fitter geworden sei. Von ernährungswissenschaftlicher Seite liegen dafür derzeit allerdings keine Studien vor, die das belegen.[22]

Ältere gebarfte Hunde reagieren sehr oft mit Nieren- und Leberschäden. Sie sind das viele Eiweiß nicht gewohnt, das sie plötzlich in doppelter Menge verarbeiten müssen. Blasensteine sind wiederum der Hinweis darauf, dass vermehrt Knochen oder Innereien gefüttert wurden. Erkrankungen der Schilddrüse, Knochen und auch Fell- und Hautprobleme sind möglich. Bei jungen Hunden kann es zu einer Skelettdeformation kommen, weil das Kalzium- und Phosphorverhältnis schlecht aufeinander abgestimmt ist.

Barfer denken auch häufig, dass Knochen ein Muss sind, da Wölfe als Vorfahren der Hunde schließlich auch ihren Rotwild-Mittagshappen mit allem Drum und Dran verspeisten. Das ist ein Irrglaube. Knochen verursachen ganz oft Probleme bei der Verdauung und führen zur Verstopfung. Manchmal muss sogar der Tierarzt nachhelfen, da sich die Tiere extrem damit herumquälen. Ich würde die Negativliste an der Stelle gerne beenden, kann aber noch nicht, da die Herzmuskelschwäche fehlt. Es ist erwiesen, dass getreidefrei ernährte Hunde häufiger und auch viel früher am Herzmuskel erkranken.

Kurzum: Barfen ist eine Wissenschaft für sich. Viele Rezepte aus Büchern oder dem Internet führen unweigerlich zum Tierarzt. Dann ist es meistens schon zu spät, da Hund oder Katze nachhaltig geschädigt sind. Die weniger drastischen Nachteile sind der große Zeitaufwand und der finanzielle Aspekt: Barfen ist nämlich echt teuer. Was viele Barfer unterschätzen: Die Gefahr für sich selbst oder andere Familienmitglieder durch das tägliche Hantieren mit rohem Fleisch und Innereien. Denn das ist ein prima Nährboden für Bakterien und Parasiten, die z. B. über verunreinigte Küchenbretter und Messer, Schwämme und Tücher schnell den Weg in unseren eigenen Körper finden können. Die Folgen sind in keinem Fall schön.

MACHEN ODER LASSEN?

Ich tendiere zu LASSEN, wenn der professionelle Background fehlt. Barfen kann eine Option sein – aber nur unter Einbindung eines Tierarztes. Nicht jedes Fertigfutter ist böse. Wer die Inhaltsstoffe gut checkt, kann seinem Tier auch damit Gutes tun.

IST VEGANE ERNÄHRUNG FÜR HAUSTIERE VERTRETBAR?

Geschätzt 1,6 Millionen Veganer leben in Deutschland. Davon haben manche sicher auch Haustiere. Was tun mit deren Ernährung? Trotzdem tierische Produkte verfüttern oder sie auf veganes Futter umstellen? Ein Interessenskonflikt entsteht, denn es ist ja schon paradox, sich bewusst gegen den Konsum von tierischen Produkten entschieden zu haben und dann öffnet man täglich die Katzenfutterdose, die allein schon vom Geruch her jeden Veganer aus den Latschen hauen müsste. Das wirft die Frage auf: Kann ich aus ethischen Gründen meinem Tier dennoch weiter mit Rind, Huhn, Pute, Lamm servieren? Oder kann ich die vegane Ernährungsform auch auf meinen Hund oder meine Katze übertragen?

GIBT ES VEGANES KATZEN- ODER HUNDEFUTTER IM HANDEL ZU KAUFEN?

Als Katzenbesitzer habe ich mir darüber tatsächlich noch keine Gedanken gemacht. Beim Kauf des Futters ist mir jedenfalls bewusst nie aufgefallen, dass es im Laden auch vegane Angebote gegeben hätte. Und so suchte ich online, was ich dazu finden konnte. Mein Staunen war groß, denn es gibt tatsächlich nichts, was es nicht gibt: Vegane Angebote in Hülle und Fülle, beispielsweise eine vegane Katzenfuttersorte. Inhalt: Karotten, Pastinaken, Fenchel, Spinat. Auch veganes Katzen-Trockenfutter habe ich schnell gefunden. Der Hersteller pries seine Ware mit dem Argument an, dass in seinem Futter Soja enthalten sei. Katzen bräuchten erwiesenermaßen viel Eiweiß. Er meinte, mit dem Soja im Futter wäre dieser Bedarf gedeckt. Außerdem sei Soja wegen seines reichen Gehalts an Vitaminen, Mineralien und Spurenelementen super für unser aller Miezen. Weitere Inhaltsstoffe wurden aufgezählt. Die jeweilige Begründung, warum sich das statt Fleisch im Futter befände, klang äußerst gefällig.

Beim Hundefutter wurde ich ebenso fündig. Veganes Nassfutter, Trockenfutter, Snacks in reicher Anzahl. Das Netz ist voll mit den unterschiedlichsten Produkten von unzähligen Anbietern. Der Markt scheint vorhanden. Dann kann die vegane Ernährung für Hund oder Katz' ja kaum schädlich sein. Oder doch?

ARTGERECHTES FÜTTERN

Was auch immer wir Menschen von der Ernährung so oder so halten. Für das Tier gilt: Die Ernährung muss artgerecht sein. Ansonsten gilt sie als Tierquälerei. Und stellt einen Straftatbestand dar. Aber was ist jeweils artgerecht? Fangen wir mit der Katze an.

Schauen wir bei der Mieze ins Mäulchen, stellen wir fest: Da fehlt etwas! Sie hat keine Mahlzähne, also keine breitflächigen Backenzähne. Solche Mahlzähne braucht es, um pflanzliche Fasern zu zerkleinern. Das Fehlen selbiger spricht sichtbar eindeutig dafür, dass Katzen zu den Fleischfressern zählen. Und tatsächlich gehören sie zu den Beutegreifern beziehungsweise Beutetierfressern. Ihr Darm ist kurz, da Fleisch im Gegensatz zu Pflanzenkost schnell wieder hinten rauskommen darf. Die Darmlänge einer Katze reicht also nicht aus, um mit der grundsätzlich schwer verdaulichen Pflanzenkost klarzukommen. Eine Katze vegan zu ernähren, ist im Fazit nicht artgerecht und verstößt damit eindeutig gegen das Tierschutzgesetz. Das sagt beispielsweise auch der Deutsche Tierschutzbund (mehr dazu im folgenden Abschnitt).

Wie sieht das bei Hunden aus? Evolutionsgeschichtlich sind diese ganz anders aufgestellt. Sie sind nicht nur Fleisch- sondern auch Allesfresser, können also von Natur aus auch mit einer gewissen Menge an pflanzlicher Nahrung zurechtkommen – und je länger sie im Verlauf der Jahrhunderte mit uns Menschen zusammenlebten, umso mehr perfektionierten sie ihr System in Richtung Allesfresser weiter. Eines ist klar: Hunde brauchen eine ausgewogene Ernährung – bestehend aus Eiweiß, Kohlenhydraten, Fetten, Vitaminen und Mineralstoffen. Beim Deutschen Tierschutzbund habe ich den Hinweis gefunden, dass eine vegetarische Ernährung okay ist, sofern tierisches Eiweiß aus Eiern oder Quark zugefüttert wird.

WAS SPRICHT FÜR UND WAS GEGEN DIE VEGANE ERNÄHRUNG BEI HUNDEN ODER KATZEN?

Dafür spräche genau das, weswegen Veganer sich auch vegan ernähren. Sie möchten mit ihrem Konsum nicht länger aktiv dazu beitragen, dass Tiere bei der Aufzucht, Haltung und Schlachtung gequält werden. Auch der Umwelt kommt es zugute, wenn weniger Nutztiere gehalten werden. Ständige Meldungen über Antibiotikarückstände im Fleisch wären ebenso ein triftiger Grund. Gegen eine vegane Ernährung von Haustieren spricht allerdings die artgerechte Ernährung. Bei Katzen verstößt die vegane Ernährung gegen das Tierschutzgesetz, wie oben beschrieben. Der Deutsche Tierschutzbund plädiert ausdrücklich gegen die vegane Ernährung: »Eine rein vegane Ernährung von Katzen entspricht nicht den ernährungsphysiologischen Grundbedürfnissen und ist deshalb aus Tierschutzsicht nicht vertretbar.«[23] Viele Tierärzte, die die direkten Folgen hautnah mitbekommen, warnen davor. Klinische Studien beweisen, dass bei Katzen erhebliche Mangelerscheinungen festzustellen sind, wenn sie vegan ernährt werden[24].

Bei Hunden kursiert seit einiger Zeit eine Studie im Netz, die scheinbar besagt, dass vegan ernährte Hunde die gesündesten von allen seien. Laut Ellen Kienzle, Professorin für Tierernährung an der Ludwig-Maximilians-Universität München, ist diese Studie jedoch kritisch zu sehen. Bei der Studie wurden die Tierhalter*innen nämlich nach ihrer subjektiven Meinung über den Gesundheitszustand ihres Tieres befragt. Das ist dann doch wenig bis gar nicht verlässlich, da keine*r der Befragten über die nötigen medizinischen Kenntnisse verfügte, um das beurteilen zu können. Wirklich objektive, wissenschaftlich fundierte Nachweise, die zum selben Schluss kommen, gibt es bisher nicht. Der aktuelle Kenntnisstand bei Experten ist der, dass Hunde, die pflanzlich ernährt werden, unter Beigabe von bestimmten Zusatzstoffen mit allen notwendigen Nährstoffen versorgt werden können. Das setzt aber eine Menge Fachwissen voraus, das nicht jeder Hundebesitzer von sich aus hat. Zu den langfristigen Auswirkungen veganer Fütterung von Hunden kann man momentan noch gar nichts sagen.

MACHEN ODER LASSEN?

Für mich kann es dafür nur ein LASSEN geben. Bei aller ethischer Grundhaltung, die eine vegane Ernährung sicherlich rechtfertigen kann, sollten wir nie vergessen: Tiere sind Tiere. Wir können sie nicht zu etwas anderem machen, das sie einfach nicht sind.

HUNDE- UND KATZENFUTTER VOM DISCOUNTER – EINE GESUNDE ALTERNATIVE?

Bleiben wir noch kurz beim Thema Haustiere. Katzen sind nach wie vor Deutschlands Haustier Nummer eins. Geschätzt 15,2 Millionen Stubentiger leben mit uns – dicht gefolgt von Hunden mit etwa 10,6 Millionen Tieren[25]. Bei Singles und Familien scheinen die vierbeinigen Gefährten besonders beliebt zu sein. Sie sind Freund, Tröster und Spaßmacher. Natürlich soll es ihnen gut gehen und tut es das nicht, leiden wir mit. Das bringt uns zu unserem Stichwort: Hunger.

Wir machen einen Sprung in den Supermarkt. Stehen wir vor den Regalen mit dem riesigen Warenangebot an Futter, kann man schon ins Grübeln kommen. Welches nehme ich? Nass oder trocken, welche Sorte, Markenware oder darf's auch das Günstige sein? Nach Lesen dieses Beitrags sind Sie schlauer, denn wir klären, ob das günstige Tierfutter vom Discounter genauso gut ist wie das teurere Markenfutter.

RÜCKBLICK: KATZEN: VOM KULTURFOLGER ZUM HAUSTIER

Vor zwanzig Jahren fanden Archäologen in Zypern ein 9500 Jahre altes Grab. Ein Mensch mit seiner Katze lag darin. Es ist der älteste Beweis des Zusammenlebens von Mensch und Katze. Forscher vermuten, dass sich Katzen uns vor knapp 10 000 Jahren nur aus einem Grund angeschlossen haben: Weil sie leichter Beute finden konnten. Die damals lebenden Siedler lagerten das von ihnen angebaute Korn und wo Korn ist, finden sich vermehrt Mäuse. Das hatte die Katze schnell verstanden und dachte sich wohl: »Danke für den Service, liebe Menschen.« So gewöhnten sich beide aneinander und genossen die Win-Win-Situation: Katze wird satt, Getreide wird nicht mehr durch Mäuse dezimiert und verunreinigt. Im Grunde aber brauchen uns Katzen nicht. Jede Katze kann für sich selbst sorgen. Zumindest theoretisch! Praktisch lebt es sich natürlich viel bequemer mit einem zweibeinigen Dosenöffner zu Hause.

Zu den selbstgefangenen Mäusen bekamen sie früher auch noch reichlich Essensreste von uns spendiert. Das erste richtige Katzenfutter produzierte in 1876 eine amerikanische Firma auf Basis von Pferdefleisch. Es war der reinste Luxus und sehr teuer. Erst 70 Jahre später waren die Entwicklungen so weit vorangeschritten, dass Katzenfutter einigermaßen bezahlbar wurde. Trockenfutter für Katzen gab es erst ab 1962 zu kaufen.

RÜCKBLICK: DAS ERSTE KOMMERZIELLE HUNDEFUTTER

Auch Hunde wurden von uns zunächst nur mit Essensresten versorgt. Das erste richtige Hundefutter kam 1858/59 auf den Markt. Der amerikanische Geschäftsmann James Spratt entwickelte – in England – einen Hundekuchen. Der bestand aus einem Mix aus Rinderblut, Rote Bete, Gemüse und Weizenmehl. Die Menschen waren zunächst nicht davon überzeugt und mussten erst mittels massiver Werbung dazu gebracht werden, sich den Luxus zu leisten. Die Hersteller gaben alles und tüftelten weiter. Sie brauchten noch sehr lange, bis sie begriffen, dass das Futter für Hunde an deren Bedürfnisse ausgerichtet sein sollte, was es bisher nicht gewesen war. Ab 1930 fiel der Groschen und mündete 1948 in dem ersten Nassfutter für Hunde. Die Erforschung ging weiter. 1956 folgte das erste Trockenfutter. Auf der Basis der damaligen extrudierten Kibbles (Kroketten) wird es noch heute hergestellt.

WAS MUSS DRIN SEIN IM FUTTER?

Eine gut aussehende Frau serviert ihrer gut aussehenden Katze ein köstliches Menü, garniert mit Petersilie. Den TV-Spot kennst du bestimmt. Ich bin mir sicher, dass die Miez auf die Petersilie verzichten kann und hätte sie die Wahl, würde sie sich lieber für eine Maus entscheiden. Katzen brauchen Fleisch oder anders ausgedrückt: sehr viel Eiweiß. Was sie nicht brauchen können, ist Getreide. Die Reihenfolge auf der Zutatenliste der Futterpackung lässt die Schwerpunkte erkennen. Was ganz vorne ist, ist am meisten enthalten. An erster Stelle sollte unbedingt Fleisch stehen. Auf keinen Fall sollten Sie Zucker auf der Liste lesen. Farbstoffe und Geschmacksverstärker (z. B. Hefe) haben darin ebenso wenig verloren. Dagegen ist Taurin unbedingt wichtig. Wenn das in der Zutatenliste fehlt, fehlt der Katze Entscheidendes.

Hunde ticken mit ihrer Verdauung und ihrem Stoffwechsel anders. Sie brauchen im Idealfall 50 Prozent Fleisch, am besten Muskelfleisch. Dazu reichlich Gemüse und Obst. Getreide indes eher weniger und Zucker, Farbstoffe, Geschmacksstoffe natürlich auch nicht.

WAS SPRICHT FÜR HUNDE- UND KATZENFUTTER AUS DEM DISCOUNTER?

Die Ergebnisse der Tests von Stiftung Warentest sprechen eindeutig dafür. Tierfutter wurde da schon mehrfach untersucht. Dabei ging es zum Beispiel um die Nährstoffzusammensetzung, ein eventuelles Zuviel an Schadstoffen und die Qualität des Fleisches[26]. Die Tests fielen jedes Mal ähnlich aus: Die günstigen Eigenmarken überzeugten auf ganzer Linie. Oft schnitt das günstige Futter sogar sehr viel besser ab. Beispiel Nassfutter für Katzen: Hier bekamen die Eigenmarken von Kaufland, Edeka und Rossmann für nur rund 20 Cent pro Portion einen Daumen nach oben. Beim Hundetrockenfutter schnitten die günstigen Produkte von Kaufland und Aldi besonders gut ab[27].

MACHEN ODER LASSEN?

Ein klares MACHEN für Hunde- und Katzenfutter vom Discounter. Warum für ein gutes Futter unnötig viel ausgeben, wenn es auch das günstige tut?

DATEN IN DER CLOUD SPEICHERN

Meinen ersten PC bekam ich 1992 von meinem Vater geschenkt. Kaum zu glauben, aber der hatte eine 45 Megabyte Festplatte drin. Wie ich damals damit klarkam, ist mir heute ein Rätsel. Ich bin ein wahrer Datenfluter. Knapp 19 000 Fotos und um die 6000 Videos habe ich momentan auf meinem Handy gespeichert. Das würde jeden Rechner des Baujahrs 1992 in sprachloses Erstaunen versetzen, da er von einer solchen Datenmenge noch nie gehört hat.

Damals hätten maximal zwei Fotos auf die Speicherplatte gepasst. Heute sichern wir unsere Daten, Bilder, Videos und anderes aber nicht nur auf dem Handy, Tablet oder Rechner selbst, sondern auch in der Cloud. Da passt noch mehr drauf als auf die Endgeräte. Die Daten liegen danach auf einem Server irgendwo auf der Welt. Ist das Speichern von Daten in der Cloud aber überhaupt eine gute Idee? Ich persönlich möchte zum Beispiel schon sicher sein, dass meine Daten nicht in fremde Hände gelangen.

WAS IST EINE CLOUD?

Eine Cloud (zu deutsch: Wolke) ist ein externer Datenspeicher, der sich nicht bei uns zu Hause befindet. Von dem jeweiligen Endgerät zum externen Server gelangen die Daten mittels Web. Die Nutzer können von jedem beliebigen Endgerät aus jederzeit auf ihre Daten zugreifen, die per Passwort geschützt sind. Die Kommunikation zwischen Endgerät und dem Speichermedium geschieht verschlüsselt. Praktisch ist diese Speichermöglichkeit deswegen ja durchaus: Ich muss keinen unnötigen Speicherplatz auf meinem Endgerät blockieren und komme beim Friseur, auf Reisen oder beim Italiener immer an meine Daten heran. Viele Unternehmen bieten diesen Clouddienst inzwischen an – die großen Tech-Companies etwa wie z. B. Google Drive, Dropbox, Amazon Cloud, Apples iCloud manchmal auch kostenlos, wenn wir deren Angebote nutzen, also einen Vertrag bei ihnen für was auch immer abschließen. Der Free-Modus gilt aber nicht grenzenlos. Ab einer bestimmten Speicherzahl ist Ende Gelände. Wer mehr Speicherplatz braucht, muss diesen mit einer monatlichen Gebühr bezahlen.

Ich habe mich selbst schon mehrfach gefragt, was die Big Player mit unseren Daten in der Cloud machen. Gucken sie heimlich rein? Greifen sie irgendwelche Infos ab, um Nutzerverhalten auszuwerten und den Input wiederum teuer weiterzuverkaufen?

WAS SPRICHT FÜR DAS SPEICHERN VON DATEN IN DER CLOUD UND WAS DAGEGEN?

Mehr freier Speicher auf dem eigenen Handy, jederzeit Zugriff. Das sind die absoluten Vorteile. Eventuell reicht beim nächsten Handykauf dann eines mit 64 oder 128 GB Speicherplatz und es muss nicht das teurere mit 512 GB sein. Die Cloud-Anbieter kümmern sich um die nötigen Backups und technische Weiterentwicklung, damit alles rund läuft. Wir dürfen uns außerdem in Sicherheit wiegen, dass das System stets up to date ist in puncto Viren- und Hackerangriffe.

Die Nachteile sind diverse Abhängigkeiten – von einer funktionierenden Internetverbindung zum Beispiel, sonst wird das nichts mit dem Zugriff auf die Cloud. Wenn alles gut läuft, ist das mit der Cloud für uns eine super Sache. Was jedoch passiert, wenn die Systeme der Anbieter allen Sicherheitsvorkehrungen zum Trotz doch von Hackern geknackt und zerstört werden und so Millionen von Daten für andere offen sind wie ein Scheunentor? Außerdem kommt man mit den kostenfreien Varianten – umsonst gibts von 5 bis höchstens 15 GB[28] – nicht lange oder gar nicht hin. 50 GB kosten im Schnitt 1 Euro pro Monat, 200 GB für um die 3 Euro. Das sind 36 Euro im Jahr – die summieren sich in fünf Jahren zu stattlichen 180 Euro auf.

Den ökologischen Fußabdruck möchte ich unbedingt auch erwähnen. Eine Serverfarm frisst Unmengen an Strom. Woher kommt die dafür benötigte Energie? Google oder die Telekom geben an, sie würden dafür nur Ökostrom nutzen. Das ist natürlich eine Aussage, die für uns als Verbraucher nicht überprüfbar ist. Hier müssen wir uns auf die Angaben der Unternehmen verlassen. Den für mich wichtigsten Punkt habe ich mir für den Schluss aufgehoben: die Sicherheit. Es sind zwar unsere Daten, dennoch gestatten sich viele Anbieter (Privatsphäre hin oder her) einen Blick in die für sie spannende Datenmenge. Das ist legal, bei Google steht das sogar in den AGB.

MACHEN ODER LASSEN?

Von mir kommt ein MACHEN für die Cloud. Allerdings unter einer Voraussetzung: Die AGB sind wichtig, also unbedingt das Kleingedruckte lesen. Viele Rechenzentren stehen in den USA. Wenn das FBI es für richtig hält, kann es auf die von Ihnen dort gespeicherten Daten zugreifen. Zu überlegen wäre vor Nutzung auch, ob sich eine externe Festplatte als Alternative nicht besser rechnen würde: eine eigene kleine Cloud zu Hause. Mein Mann und ich haben uns für diese Lösung entschieden.

GÜNSTIG EINKAUFEN MIT SPAR-APPS DER SUPERMÄRKTE

Heutzutage überlegen wir oft zweimal, ob wir dies oder jenes kaufen sollen. Alles ist teurer geworden. Manche Lebensmittel erreichten in letzter Zeit immer wieder gar absurde Höchstpreise, die sie zum puren Luxusgut machten, man denke nur an Milch, Öl, Butter, Nudeln oder Kaffee. Und auch als Inflationsrate und Energiepreise nach dem Hochschnellen wieder sanken, kam von diesen Preissenkungen bei den Verbrauchern nichts an. Sparen wird so zum neuen Hobby. Wir fuchsen uns durch verschiedene Rabattaktionen. Die Rabatt-App soll uns dabei helfen, den Durchblick nicht zu verlieren und so richtig fette Preisminderungen abzuräumen. Komme ich in einen Laden, werde ich von der Kassiererin immer wieder darauf angesprochen: »Haben Sie schon unsere App?« Da jede Drogerie, jeder Supermarkt, jeder Laden seine eigene App hat, drängen sich die Apps dicht an dicht auf dem Handy. Will ich überall das Beste für mich herausholen, heißt es: Alle Apps durchpflügen – jede einzelne! Lohnt sich das? Oder ist das für die Unternehmen nur wieder ein super Trick, um an unsere Kundendaten zu kommen?

WAS KANN DIE SPAR-APP?

Sie ist die moderne Form der Schnäppchenjagd. Sagt wer? Die jeweiligen Unternehmen! Jedenfalls sollen sie uns den Gang durch jeden Supermarkt der Stadt auf der Suche nach den besten Schnäppchen ersparen. Das geht am Handy bequemer. Ich lade also die App herunter, gebe ein paar wenige Daten ein, bestätige das Ganze per Mail. Dann ist die App startklar. Ich kann mich danach durch die Angebote klicken und nachschauen, was die Supermärkte, Drogerien oder andere Geschäfte in meinem Umkreis Cooles (Günstiges) zu bieten haben. Die Apps sind dermaßen schlau, dass sie tagesaktuell immer wissen, was wo genau rabattiert ist und bis wann. Klingt theoretisch erst mal gut, aber wie so oft beginnen die Probleme in der Umsetzung …

WAS SPRICHT FÜR DIE SPAR-APP UND WAS DAGEGEN?

Millionen von Nutzer sind allein bei Payback und Deutschlandcard registriert, obwohl beide Apps bereits mehrfach in der Kritik standen. So etwas lässt sich Stiftung Warentest nicht zweimal sagen und schaut genauer hin. Genau wie ich! 16 solcher Kundenbindungsprogramme standen auf dem Prüfstand. Für Android und iOS.

Die Nutzung gestaltet sich überall anders. Da heißt es flexibel bleiben und sich durchkämpfen. Einige Apps gestatten Einkaufslisten, die wir speichern können – andere nicht. Die Bedienung kann zum Geduldsspiel werden, bis endlich mal klar ist, was ich genau tun muss, um das Ergebnis zu bekommen, das ich möchte. Stiftung Warentest stellte außerdem fest, dass einige Billigpreise in der App angegeben sind, die man vor Ort vergeblich sucht. Die Produktsuche verlief stellenweise komplett ins Leere. Wirkliche Jubelsprünge lassen sich mit den Apps leider nicht vollführen. Die Ersparnis ist ernüchternd. 5 bis 12 Prozent, wenn überhaupt! Viele Angebote in den Apps sind gelinde gesagt ein Witz. Höhere Ersparnisse gibt es meist nur über Sonderaktionen oder für speziell beworbene Produkte, die wir aber nur ganz selten brauchen. Weiteres Manko: Oft gilt es, vorher fleißig Punkte zu sammeln oder einen bestimmten Umsatz zu erreichen, damit überhaupt ein Preisvorteil drin ist.

Die Datensicherheit ist eine Sache für sich. Selbstverständlich sammeln die Apps im Interesse der Unternehmen fleißig unsere Daten ein. Mindestens 2200 bedruckte DIN-A4-Seiten würden die gesammelten Informationen im Schnitt ergeben, die eine einzige Rabatt-App von Android dazu im Test für einen einzigen durchschnittlichen User produziert hat. Und jeder Nutzer stimmte dem vorab freundlich zu. Das Kleingedruckte wird zwar angezeigt, allerdings schreckt uns die Litanei an Bestimmungen oft ab und wir klicken ohne genauer hinzuschauen vertrauensselig auf »ja«. Damit ist es um unsere Daten geschehen. In einigen Fällen bestätigen wir damit gleichzeitig, dass die App unser Kaufverhalten auswerten darf. Somit weiß das Unternehmen bald, dass ein Nutzer lieber Rotwein statt Bier trinkt oder ob eine Nutzerin schwanger sein könnte. Wie von Geisterhand bekommt sie danach Angebote für Vitamindrops für Schwangere aufs Handy gespielt. So ein Zufall aber auch … Die Punktesammel-Apps verlangen übrigens Zugriff auf Standortinformationen und Handy-Mikrofon. Bei einigen Apps erlauben wir Verbraucher*innen auch Dritt-Unternehmen, die ihren Sitz nicht immer in Deutschland haben, Tracking-Informationen zu erstellen. Und da purzeln dann plötzlich individuelle Angebote über Umwege auf unser Handy. Im Bereich Datenschutz können die Apps absolut nicht überzeugen. Großer Minuspunkt hiermit auch von mir.

Gibt es auch noch etwas Positives zu den Apps zu sagen? Eine winzige Kleinigkeit hätte ich: Im Test stellten sich keine gravierenden Sicherheitsmängel heraus. Immerhin.

MACHEN ODER LASSEN?

LASSEN! Spar-Apps kann man sich wirklich sparen. Sie dienen nicht dazu, uns an lohnenswert rabattierten Produkten Freude haben zu lassen, sondern entpuppen sich vorwiegend als ausgeklügeltes Marketinginstrument für die Unternehmen. Sie möchten die App dennoch nutzen? Dann ein wichtiger Tipp: Ist die Registrierung optional, lassen Sie diese lieber weg und verzichten auf ein paar zusätzliche Angebote, die durch die Registrierung versprochen werden. Falls bei iOS die Frage auftaucht, ob die App-Aktivitäten verfolgen darf, diese in jedem Fall verneinen und zusätzlich die App- und Ad-Trackings in den Einstellungen der App deaktivieren.

FRÜHBUCHER ODER LAST MINUTE – WIE REISE ICH GÜNSTIGER?

Die einen machen sich schon im Dezember auf die Schnäppchenjagd für den nächsten Sommerurlaub. Die anderen vertrauen auf günstige Last-Minute-Angebote. Ich wiederum fühle mich meistens schon wie mein eigener Opa, wenn ich meinem Mann um Weihnachten herum erkläre, dass das Jahr wieder so schnell vergangen ist. Gerade im Winter lechze ich nach Sonne. Da kommt schon der eine oder andere sehnsuchtsvolle Gedanke an eine Urlaubsbuchung in mir hoch. Gegen Schnäppchen habe ich zudem nichts. Mich juckt es demzufolge schon im Winter erheblich in den Fingern. Lust auf Urlaub plus die Möglichkeit eines Schnäppchens sind eine starke Kombi, die dafür sprechen, bei einem Frühbucherangebot zuzuschlagen. Oder soll ich mich lieber beherrschen und erst kurz davor Last Minute buchen? Womit komme ich als Reisender besser weg?

Ab Oktober läuft die Werbemaschinerie der Frühbucherrabatte an. Große Reiseveranstalter winken mit fetten Rabatten. Familien mit Kindern greifen häufig darauf zurück. Sie brauchen wegen der fixen Ferienzeiten Planbarkeit. Die immer noch schwankenden Preise nach der Pandemie, was Reisen betrifft, spielen sicher auch mit eine Rolle dabei, dass man lieber frühzeitig buchen möchte.

WIE LÄSST SICH DER RABATT BEI BEIDEN VARIANTEN NACHVOLLZIEHEN?

Leider gar nicht. Und da fangen die Probleme schon an. Woher wissen wir, dass der Reiseveranstalter den angegebenen Rabatt wirklich in Abzug bringt? Vielleicht hat er das Angebot ja bereits zu einem so günstigen Preis gekauft. Es gibt kaum Möglichkeiten, das nachzuvollziehen. Es lassen sich über die Suchmaschinen nur die aktuellen Reiseangebote vergleichen. Wie viel die im Normalpreis kosten würden, steht da nirgends. Um das herauszufinden, müssten wir über eine lange Zeit hinweg die Preise einer bestimmten Reise im Auge behalten und rückwirkend gründlich nachrechnen. Ansonsten haben wir keine andere Wahl, als uns auf die Angaben der Reiseveranstalter zu verlassen, dass es da wirklich etwas zu sparen gibt. Und da habe ich meine erheblichen Zweifel. Wie viel in jeder Branche getrickst wird, um Angebote sowie Produkte an den Mann und die Frau zu bringen, wissen wir ja alle.

DIE FRÜHBUCHERREISE IM DETAIL

Als Frühbucherreise gelten jene Reisen, die zwischen vier und sechs Monaten vor Reiseantritt gebucht werden. Bei Sommerreisen ist der Stichtag hierfür meistens der 31. März, teils auch etwas später. Bis zu 40 bis 50 Prozent Ersparnis sollen laut eigenen Aussagen der Reiseveranstalter dann drin sein.

DIE LAST-MINUTE-REISE IM DETAIL

Die Veranstalter möchten ihre Kontingente natürlich so gut wie möglich auslasten. Wenige Wochen oder Tage vor einer Reise winken deswegen Rabatte bis zu 70 Prozent. Das ist für all diejenigen etwas, die flexibel sind. Reisezeit, Ziel, sonstige Bedingungen? Wem es hier nicht auf Details ankommt, der/die wird garantiert fündig.

WAS SPRICHT FÜR EINE FRÜHBUCHERREISE UND WAS DAGEGEN?

Die besten Hotels, die besten Zimmer, die besten Flüge. Wer zuerst kommt, mahlt zuerst. Frühbucher haben so ziemlich von allem das Beste zur Auswahl und können sich die Top-Angebote ergattern, sowie auch die besten Flugverbindungen. Manchmal sind an den Frühbucherrabatt bestimmte Familienaktionen mit drangehängt. Kinder reisen dann für die Hälfte oder sogar kostenlos. Wenn die Reise frühzeitig geplant wird, können auch Aktivitäten am Urlaubsort entspannt herausgesucht und gebucht werden. Es gibt aber auch Nachteile beim frühen Buchen. Als ungeplante Überraschung können nachträgliche Preiserhöhungen bis zu 20 Tage vor Abreise ins Mailpostfach flattern. Das passiert, wenn zum Beispiel Treibstoffpreise teurer werden. Auch muss bei der Frühbucherreise bei Buchung bereits eine Anzahlung geleistet werden. Mit 20 bis 30 Prozent Vorabzahlung müssen Sie da rechnen.

WAS SPRICHT FÜR EINE LAST-MINUTE-REISE UND WAS DAGEGEN?

Der größte Vorteil ist die immense Preiseinsparung. Bei den Last-Minute-Angeboten lässt sich richtig was rocken. Da die Reise bei Buchung unmittelbar bevorsteht, können das Wetter und andere Dinge wie etwa die politische Lage in der Urlaubsregion gut abgeschätzt werden. Unverhoffte Entwicklungen jedweder Art wird es da kaum geben. Dagegen spricht wiederum die begrenzte Auswahl bei Zimmerkategorie, Reiseziel, Lage, Flugzeiten. Bei Last Minute werden eben die kargen Reste angeboten. Da heißt es aufgeschlossen bleiben für alles.

Stiftung Warentest hat vor einigen Jahren Frühbucherreisen im Vergleich zu den Last-Minute-Reisen überprüft. Die Ergebnisse bestätigen meine Ausführungen von oben, dass bei Last Minute deutlich mehr zu sparen ist. Bei den Stichproben kam heraus: Rund 16 Prozent Einsparungen sind bei Last Minute möglich – dagegen nur 3,6 Prozent bei den Frühbuchern.[29]

MACHEN ODER LASSEN?

Es ist gar nicht so einfach, eine klare Empfehlung auszusprechen. Die Preisentwicklungen in der Zukunft sind in der Reisebranche unvorhersehbar. Dennoch würde ich ein LASSEN für den Frühbucherrabatt aussprechen wollen. Wer flexibel ist, sollte Last Minute nutzen. Dafür gibt es von mir ein MACHEN. Dort lässt sich nachweislich richtig sparen.

PAUSCHALREISEN

Ich reise gern, meistens jedoch individuell. Besonders in Erinnerung
geblieben ist mir die letzte Fernreise, die mein Mann und ich machten.
Es ging nach Südkorea und Japan. Eine ganz andere Welt.
Sehr empfehlenswert! Flug, Hotel, Mietwagen buchten wir dabei jeweils
extra. Das machen wir meistens so, da wir nicht so die Pauschalreisen-
Fans sind. Ich selbst habe dabei immer komische Bilder im Kopf, wenn
ich an diese Form des Reisens denke. Aber vielleicht ist das ja nur ein
Klischee. Das möchte ich genauer wissen und checke für Sie –
und mich – die Lage an der Pauschalreisen-Front.

RÜCKBLICK: WIE LANGE GIBT ES PAUSCHALREISEN SCHON?

Ich konnte es kaum glauben, als ich recherchiert hatte, dass es die Pauschalreise bereits
seit 1841 gibt. Erfinder war kein geringerer als Thomas Cook. Er kombinierte erstmals
ein Reiseangebot in Form von An- und Abreise plus Unterkunft. Die Idee schlug ein wie
eine Bombe. Mit dem Namen Thomas Cook verbanden wir noch bis vor wenigen Jahren Sommer, Sonne, Urlaubsfeeling. Das änderte sich 2019 schlagartig, als das Unternehmen pleite ging und hunderttausende Urlauber auf ihren lang gehegten Reisetraum
verzichten mussten. Es dauerte ewig, bis die Gelder für die Buchungen rückerstattet
wurden. Das wollte ich genauer wissen.

WAS GENAU BEDEUTET DER BEGRIFF PAUSCHALREISE?

Sobald mindestens zwei Leistungen einer Reise in einem Angebot miteinander verbunden werden, erblickt die kleine Pauschalreise das Licht der Welt. Manchmal auch eine
große – je nach Reiseziel und Reisedauer. Flug und Hotel oder Flug und Mietwagen
wären zwei Beispiele. Das ist alles genau rechtlich geregelt. Es bedeutet nichts anderes,
als dass die Reisenden so wenig wie möglich Mühe und Stress mit der Buchung der Reise
haben. Man muss sich keine Gedanken mehr um Weiteres machen. Was viele nicht
wissen: Bei einer Onlinebuchung kann ganz schnell eine Pauschalreise geboren werden,
ohne dass einem das bewusst ist. Beispiel: Sie buchen einen Flug über eine Flugbörse.
Buchen Sie innerhalb von 24 Stunden eine weitere Leistung über ein Zusatzangebot
der gleichen Flugbörse (z. B. ein Hotel), so ist das rechtlich gesehen eine Pauschalreise.

Seit 2018 genießen Pauschalreisende erweiterte Rechte. Vorher mussten beispielsweise Ansprüche auf Reisemängel innerhalb eines Monats nach dem vertraglichen Ende beim Reiseveranstalter geltend gemacht werden. Mit den neuen Rechten beträgt die Verjährungsfrist zwei Jahre und die Ausschlussfrist fiel gänzlich weg.

WAS SPRICHT FÜR EINE PAUSCHALREISE UND WAS DAGEGEN?

Eine Pauschalreise zu buchen, ist in erster Linie herrlich komfortabel. Einfach die Reise bei einem Anbieter buchen und dann ist alles für den geplanten Urlaub bereits darin enthalten: Flug, Transfer vom Flughafen und auch wieder zurück, und natürlich das Hotel. Bei Fragen oder auftauchenden Problemen gibt einen festen Ansprechpartner vor Ort. Es ist das Rundum-Sorglospaket für Reisende, die keine Lust haben, sich mit allen möglichen Belangen selbst herumschlagen zu müssen. Kopf aus, entspannen und andere organisieren lassen. Ja, das klingt doch mal ganz nach Urlaub. Und wenn etwas schieflaufen sollte, kümmert sich der Veranstalter darum. Fällt der Flug aus oder verspätet sich, muss ich mir also keine Gedanken machen, wie ich zum Hotel komme. Der Transfer ist dennoch gesichert. Bei Kreuzfahrten bedeutet das für diejenigen, die vom Landgang zu spät in den Hafen zurückkommen: Keine Panik, wenn das Schiff schon in Richtung offenes Meer davon schippert. Der Veranstalter muss den Gestrandeten schnellstmöglich wieder an Bord bringen – ohne dass daraus Mehrkosten für ihn entstehen. Nächster Vorteil: Pauschal bedeutet pauschal – auch beim Preis. Ich weiß bei Buchung exakt, was mich die ganze Reise kostet. Es gibt keine bösen Überraschungen. Bei Buchung ist eine kleinere Anzahlung zu leisten, der Rest kurz vor Reiseantritt. Nächstes sehr großes Pro: Die Reisenden sind – ganz im Sinne des Rundum-Sorglospakets – abgesichert. Dafür sorgt der Sicherungsfonds. In diesen zahlen sämtliche Reiseveranstalter ein. Geht einer von ihnen pleite, werden die Ansprüche der Reisenden aus dem Fonds abgegolten. Bis vor nicht allzu langer Zeit gab es statt diesem Fonds Versicherungen, die in solchen Fällen einspringen mussten. Erst als Cook das Wasser bis zum Hals stand, stellte man fest: Oje! Die Versicherungssumme reicht ja gar nicht für alle. Der Bund musste einspringen und aus der Staatskasse Entschädigungen zahlen.

Die Nachteile einer Pauschalreise ergeben sich aus den Vorteilen. Was bequem ist, ist in gleichem Maße starr. Nichts kann spontan verändert werden. Flexibilität? Fehlanzeige. Wer kurzfristig auf die Idee kommt, etwas früher fliegen zu wollen oder eine andere Zimmerkategorie wählen möchte, hat das Nachsehen. Zudem rufen nicht alle Hotels »Hurra!« beim Wort Pauschalreise. Daher gibt es auch nur ein begrenztes Hotelangebot. Meistens ist die Pauschalreise etwas teurer im Vergleich zur Einzelbuchung. Der Komfort eines Ansprechpartners vor Ort, die Absicherung, die Organisation an sich. muss ja irgendwie bezahlt werden. Ein weiterer Nachteil: Leider machen Pauschalreisen einen Großteil des Massentourismus aus. Nicht immer, jedoch häufig, landen

Pauschalreisende an einem Ort, an dem es vor Tourismus nur so wimmelt. Das hat mit dem echten Leben der Menschen vor Ort sowie der Kultur im jeweiligen Land überhaupt nichts zu tun.

MACHEN ODER LASSEN?

Von mir gibt's ein MACHEN wegen der guten Absicherung. Wenn Reisen storniert werden müssen oder es Mängel am Urlaubsort gibt, bleiben Sie als Reisende*r nicht auf Ihren Kosten sitzen. Auf Seite der Veranstalter zeichnen sich zudem Bemühungen ab, individuelle Pakete anzubieten, die eben nicht klassisch in die Kategorie 08/15 fallen.

BEWERTUNGEN IM NETZ

Ich habe ein Faible für Bewertungen und für ausführliche Recherchen. Wenn mein Mann und ich beispielsweise in ein bestimmtes Land reisen wollen, notiere ich mir schon Monate vorher Unterkünfte, schaue mir Videos im Netz an, stöbere durch Instagram oder TikTok und lese so ziemlich jede Bewertung. Das frisst eine Menge Zeit. Mein Mann reagiert bisweilen etwas genervt ob dieser Angewohnheit. Ich kann's dennoch nicht lassen. Und um Bewertungen soll es nun auch gehen. Diese können uns bei Kaufentscheidungen helfen. Ob neuer Haarföhn oder Schlagbohrmaschine, ob Joggingschuh oder die nächste Ferienunterkunft: Zu jedem Produkt, jeder Dienstleistung, jedem Restaurant und Hotel gibt es Bewertungen im Netz. Aber wie verlässlich sind die? Man hört ja so einiges von gekauften und damit gefakten Aussagen.

EIN PAAR ZAHLEN UND FAKTEN

Eine Studie aus dem Jahr 2020 ergab: Für 16 Prozent der Deutschen sind Online-Reviews durch die Corona-Krise noch wichtiger geworden. Dabei glaubt allerdings mehr als die Hälfte der Konsumenten, dass 50 Prozent oder noch mehr der Bewertungen gefälscht sind – und das obwohl 78 Prozent bereits selbst eine Bewertung online verfasst haben.[30] Es herrschen also durchaus geteilte Meinungen zu diesem Thema.

Im deutschsprachigen Raum existieren um die 400 Onlineportale, über die man seine Meinung kundtun kann. Es gibt sie nahezu für jede Branche und häufig in Kombination mit Buchungs- und Kaufportalen. Manche dieser Portale sind stark frequentiert, andere weniger.

WARUM UND FÜR WEN SIND BEWERTUNGEN WICHTIG?

Wichtig sind Bewertungen in erster Linie für Verbraucher*innen, damit diese sich besser entscheiden können. Aber auch für Unternehmen sind sie wichtig: Wer als Anbieter/Verkäufer heute nicht ganz oben innerhalb der Bewertungen mitspielen kann, verliert an Umsatz. Oft entscheiden Bewertungen über das Schicksal eines Unternehmens. Wenn etwas extrem schlecht bewertet wird, kann das einen großen finanziellen Schaden bedeuten. Das verleitet natürlich dazu, bei den Bewertungen zu tricksen.

Kundenrezensionen lassen sich leicht fälschen. Dazu nehme man sich einfach ein paar Menschen, die sich ein paar Euro dazuverdienen wollen. Diese schicke man in diverse Portale und lasse sie fleißig Produktbeurteilungen schreiben. Vielleicht ja sogar beim härtesten Wettbewerber etwas richtig Fieses mit maximal 1 Stern.

WAS SPRICHT DAFÜR, EINE KAUFENTSCHEIDUNG AUF BASIS VON ONLINE-BEWERTUNGEN ZU TREFFEN UND WAS DAGEGEN?

Haben Freunde von uns zum Beispiel super Erfahrungen mit einem Hotel gemacht, kommt das sofort auf meine »Da will ich auch mal hin«-Liste. Und genauso funktionieren auch Online-Bewertungen. Es sind – so hoffen wir – sehr persönliche Empfehlungen. Selbst wenn es keine Freunde sind, so sind es doch »echte« Menschen, denen wir ein Stück weit vertrauen. Einer Umfrage zufolge vertrauen 49 Prozent der Befragten Erfahrungsberichten anderer Konsumenten, 41 Prozent Testberichten im Internet[31].

Bewertungen geben aufgrund der verschiedenen Perspektiven einen vielfältigen Einblick. Jede*r Bewertende hat völlig individuelle Ansprüche an ein Produkt oder eine Dienstleistung. Aus dieser Sicht heraus bewerten sie. Ich kann also auch Dinge erfahren, die ich zuvor gar nicht auf dem Schirm hatte.

Auf der Kontra-Seite möchte ich noch mal an die leider unschönen Entwicklungen anknüpfen, die weiter oben bereits angerissen wurden. Sich Bewertungen zu erkaufen, mauserte sich für einige Unternehmen zum einträglichen Geschäftsmodell. Unzählige Firmen bieten ganz offen Fake-Bewertungen an. Die angegebenen Zahlen variieren stark, jedoch wird angenommen, dass 10 bis 30 Prozent aller Bewertungen im Netz Fake sind. Seriöse Unternehmen und auch die großen Bewertungsportale haben natürlich ein Interesse daran, konsequent dagegen vorzugehen. Sie setzen eigene Teams ein, die detektivisch genau die Bewertungen prüfen und auffällige löschen. Wenn die Sprache sehr blumig ist und große Lobeshymnen ausgestoßen werden, kann man davon ausgehen, dass die Bewertung gefälscht ist. Manche Portale geben daher nur registrierten Kunden die Möglichkeit, überhaupt bewerten zu können. Die fortschreitende künstliche Intelligenz (KI) macht die Sache leider nicht besser. Die KI kann eine Bewertung jederzeit so verfassen, dass sie von einer echten kaum mehr zu unterscheiden ist. Ich habe das mal ausprobiert und ChatGPT gebeten, eine Bewertung zu verfassen für ein Hotel in Ägypten. Das kam dabei raus:

»Ich hatte das Vergnügen, im Hotel in Ägypten zu übernachten und muss sagen, dass ich insgesamt sehr zufrieden war. Das Hotel liegt direkt am Strand und bietet einen atemberaubenden Blick auf das Meer, insbesondere von meinem Zimmer aus mit Meerblick. Das Zimmer selbst war geräumig und sauber, mit einem bequemen Doppelbett und modernen Annehmlichkeiten wie einem Flachbild-TV und kostenfreiem WLAN. Das Badezimmer war ebenfalls groß und gut ausgestattet. Das All-Inclusive-Paket war sehr großzügig und bot eine große Auswahl an Speisen und Getränken, sowohl im Hauptrestaurant als auch in den verschiedenen Bars. Das Personal war sehr freundlich und zuvorkommend und half bei allen Fragen und Anliegen. Ein kleiner Kritikpunkt wäre, dass das Hotel etwas in die Jahre gekommen zu sein scheint, aber es war trotzdem gepflegt und sauber. Insgesamt würde ich dem Hotel eine 2 in Schulnoten geben und es jedem empfehlen, der nach einem erholsamen und angenehmen Aufenthalt in Ägypten sucht.«

Meiner Meinung nach klingt das – von der doch sehr vagen Ortsangabe einmal abgesehen – sehr authentisch. Ich würde das Hotel aufgrund einer solchen Bewertung sofort buchen.

MACHEN ODER LASSEN?

Bei der Frage, ob Bewertungen in die Kaufentscheidung mit einfließen sollten, sage ich dennoch MACHEN. Sie sind ein guter Gradmesser, ob ein Produkt oder eine Dienstleistung das hält, was es beziehungsweise sie verspricht. Wichtig dabei ist, die echten von den gefälschten Bewertungen zu unterscheiden. Die Unternehmen helfen da bereits und tun selbst schon viel. Ein großes Reise-Bewertungsportal startete eine Initiative gegen Fake-Bewertungen und veröffentlichte auf der Webseite Hotels, die im Verdacht stehen, Bewertungen gekauft zu haben. Mein Tipp: Hören Sie auf Ihr Bauchgefühl und checken Sie auch das Benutzerkonto des Rezensenten. Wie oft gibt er/sie Bewertungen ab? Und wie sind diese gestaltet? Gibt es hier ein Muster, dass vielleicht auf Fakes hindeuten könnte?

Übrigens: Gerne dürfen Sie meinen Podcast »machen oder lassen« als ganz echter Mensch und mit ihrer ganz echten Meinung bewerten. Das interessiert andere Hörer bestimmt auch. Und mich erst!

SCHLUSSWORTE

Jeden Tag stehen wir Tausenden Entscheidungen gegenüber. Wir haben gelernt: die meisten tätigen wir ganz automatisch, ohne auch nur eine Sekunde bewusst darüber nachzudenken. Und bei solchen Entscheidungen, bei denen wir es doch tun müssen, habe ich mit diesem Buch hoffentlich einen Beitrag dazu leisten können, damit Sie stets die beste treffen.

Eine Erkenntnis meines Podcasts und damit auch die Erkenntnis dieses Buches ist: Auf das, was Unternehmen in ihrer Kommunikation behaupten, sollten wir uns selten verlassen. Vieles von dem, was an Werbeaussagen getroffen wird, hat wenig mit der Realität zu tun und ist meist Marketinggeschwätz. Wichtig ist immer, dass wir uns als mündige Verbraucher*innen ein klares Bild von Produkten oder Dienstleistungen machen, bevor wir uns dafür oder dagegen entscheiden.

Ich würde mich daher freuen, wenn Sie sich meinen Podcast »machen oder lassen« anhören. Jede Woche gibt es dort drei neue Folgen, in denen wir verschiedensten Themen aus dem Alltag und darüber hinaus nachgehen: Macht es Sinn, kalt zu duschen? Ist das Trinken von Brottrunk wirklich gesund? Was taugen Mittel gegen graue Haare? Macht es Sinn, eine Wohnung zu mieten oder eher zu kaufen? So viele Fragen, vor denen wir oft stehen – die Antworten gibt's kompakte jede Woche von mir, zu finden auf RTL+ Musik und auf allen bekannten Podcast-Portalen. Hören Sie gern rein!

DANKSAGUNG

An dieser Stelle will ich Danke sagen! Ein fettes Dankeschön an all die Menschen, die dieses Buch erst möglich gemacht haben. Zuerst bei Silvana Katzer. Du warst der Anfang von allem! Danke fürs Anschubsen und Möglichmachen meines Traums – und Danke für den Buchtitel ☺.

Danke an das Team der AudioAlliance in der Redaktion und in der Produktion, ohne die der Podcast nicht jede Woche pünktlich erscheinen würde. Danke an Katharina, an Lucie, an Sophia, an Tim, an Andolin und an Nic!

Ein großer Dank geht an den Südwest Verlag für die entspannte Zusammenarbeit beim zweiten Buch. Vielen Dank ans ganze Team rund um Maren Richter und Harry Kämmerer. Und ein besonders großer Dank geht hier an Philipp Christ. Dank deiner Betreuung und der wirklich produktiven Zusammenarbeit haben wir (wieder) ein tolles Buch geschaffen. In diesem Zusammenhang auch Danke an Claudia Lenz fürs Lektorat.

Danke an Wirtschaftspsychologin Elisabeth Heckel für dein Vorwort und Danke auch an Rechtsexpertin Nicole Mutschke für die schöne rechtliche Einordnung!

Vielen Dank auch an Ulrike Parthen für die redaktionelle Mitarbeit und an Ulf-Gunnar Switalski. Es war mir ein großes Vergnügen!

Und zu guter Letzt: Danke an meinen Mann Niklas für all den Support. Ich weiß: es ist nicht immer leicht ☺.

Ron Perduss

QUELLENVERZEICHNIS

Sämtliche Quellenverweise wurden am 13.11.2023
abgerufen und geprüft.

ESSEN UND TRINKEN

1   Quelle: https://www.lebensmittelmagazin.de/wirtschaft/20200731-tag-der-lebensmittelvielfalt-170000-lebensmittel-produkte-auf-dem-deutschen-markt/

2   Quelle: https://www.bmj.com/content/378/bmj-2021-068921

3   Quelle: https://www.medizin.uni-tuebingen.de/de/das-klinikum/pressemeldungen/450

4   Quelle: https://www.studysmarter.de/magazine/veganismus-trend-europa-worldwide-fakten/#:~:text=Innerhalb%20der%20letzten%206%20Jahre,als%20noch%20im%20Jahr%202020

5   Quelle: https://www.destatis.de/DE/Presse/Pressemitteilungen/2022/05/PD22_N025_42.html

6   Quelle: https://de.statista.com/statistik/daten/studie/173636/umfrage/lebenseinstellung-anzahl-vegetarier/

7   Quelle: https://www.oekotest.de/essen-trinken/Vegane-Wurst-im-Test-12-von-18-rasseln-durch_12574_1.html

8   Quelle: https://www.oekotest.de/essen-trinken/Vegane-Burger-im-Test-7-von-17-mit-Mineraloel-belastet_13873_1.html

9   Quelle: https://ora.ox.ac.uk/objects/uuid:b0b53649-5e93-4415-bf07-6b0b1227172f

10 Quelle: https://www.vzhh.de/media/607

11 Quelle: https://www.bmj.com/content/357/bmj.j1892

12 Quelle: https://link.springer.com/article/10.1007/s00115-020-00963-4#citeas

13 Quelle: https://www.zentrum-der-gesundheit.de/ernaehrung/ernaehrungsformen/ungesunde-ernaehrung/acrylamid-ia

14 Quelle: https://www.spiegel.de/panorama/chips-eine-studie-erklaert-warum-wir-nicht-aufhoeren-koennen-zu-snacken-a-00000000-0003-0001-0000-000002304646

15 Quelle: https://www.verbraucherzentrale.de/wissen/lebensmittel/gesund-ernaehren/sind-gemuesechips-gesuender-als-kartoffelchips-und-erdnussflips-50752

16 Quelle: https://www.lebensmittelzeitung.net/industrie/nachrichten/gfk-analyse-discounter-bauen-position-beibackwaren-aus-168389?crefresh=1

17 Quelle: https://de.statista.com/statistik/daten/studie/175411/umfrage/pro-kopf-verbrauch-von-brotgetreide-in-deutschland-seit-1935/#:~:text=Die%20Statistik%20zeigt%20den%20Pro,79%2C%20Kilogramm%20pro%20Kopf

18 Quelle: https://www.greenpeace.de/publikationen/umfrage-fleisch-bedientheke

19 Quelle: https://www.verbraucherzentrale.de/wissen/umwelt-haushalt/wasser/kann-man-leitungswasser-trinken-34836#:~:text=Leitungswasser%20ist%20ein%20idealer%20Durstlöscher,preiswerter%20als%20Mineralwasser%20aus%20Flaschen

20 Quelle: https://www.efsa.europa.eu/de/press/news/161025

21 Quelle: https://de.statista.com/statistik/daten/studie/257250/umfrage/anzahl-verkaufter-dosen-von-red-bull/

22 Quelle: https://www.oekotest.de/gesundheit-medikamente/Energydrinks-Zu-viel-Koffein-fuer-Jugendliche_600079_1.html

23 Quelle: https://www.efsa.europa.eu/sites/default/files/corporate_publications/files/efsaexplainscaffeine150527de.pdf

24 Quelle: https://service.ble.de/ptdb/index2.php?detail_id=21010&ssk=9ddea1dad7&site_key=145&stichw=taurin&zeilenzahl_zaehler=1#newContent

25 Quelle: Studie 2007, Wake Forest University USA

26 Quelle: https://www.duh.de/projekte/kaffeekapseln/

27 Quelle: https://www.test.de/Ingwer-Shots-im-Test-5797664-0/

28 Quelle: https://www.verbraucherzentrale.sh/pressemeldungen/lebensmittel/ingwershots-ueberteuert-ueberzuckert-und-ueberschaetzt-67704

KÖRPER UND GESUNDHEIT

1 Quelle: https://www.experten.de/2023/04/wie-gesund-ist-deutschland/#:~:text=Deutschlands%20jährliche%20Gesundheitsausgaben%20liegen%20mit,Gesundheit%20nur%20auf%20Platz%202018

2 Quelle: https://www.bfr.bund.de/de/presseinformation/2020/24/aluminium_in_antitranspirantien__geringer_beitrag_zur_gesamtaufnahme_von_aluminium_im_menschen-250756.html

3 Quelle: https://www.verbraucherzentrale.de/wissen/lebensmittel/lebensmittelproduktion/aluminium-7609

4 Quelle: https://journals.plos.org/plosone/article?id=10.1371/journal.pone.0161749

5 Quelle: https://de.statista.com/statistik/daten/studie/201220/umfrage/umsatz-mit-naturkosmetik-in-deutschland/

6 Quelle: https://de.statista.com/statistik/daten/studie/699406/umfrage/umsatzprognose-im-deutschen-kosmetik-und-koerperpflegemarkt/#:~:text=Im%20Jahr%202022%20lag%20der,rund%2015%2C8%20Milliarden%20Euro

7 Quelle: https://www.verbraucherzentrale.de/wissen/lebensmittel/nahrungsergaenzungsmittel/antioxidantien-helfer-gegen-freie-radikale-10575#:~:text=von%20Antioxidantien%20achten%3F-,Was%20sind%20Antioxidantien%3F,oder%20UV%2DStrahlung%20der%20%20Sonne

8 Quelle: https://www.rosenfluh.ch/media/congressselection/2015/01/Evidenzbasierte_Dermokosmetika.pdf

9 Quelle: https://www.oekotest.de/kosmetik-wellness/Lippenpflege-im-Winter-Diese-fuenf-Tipps-helfen-gegen-trockene-Lippen_12293_1.html

10 Quelle: https://www.krebsgesellschaft.de/onko-internetportal/basis-informationen-krebs/bewusst-leben/sonne-und-freizeit/solarium-und-hautkrebs.html

11 Quelle: Stiftung Warentest 08/2022

12 Quelle: Stiftung Warentest 06/2023

13 Quelle: https://www.deutschlandfunk.de/biophysik-laengere-wimpern-haben-nachteile-

100.html#:~:text=Lange%20Wimpern%20gelten%20als%20attraktiv,Windkanal-Untersuchungen%20aus%20den%20USA.&text=Täglich%20das%20Wichtigste%20aus%20Naturwissenschaft%2C%20Medizin%20und%20Technik

14 Quelle: https://ua-bw.de/pub/beitrag.asp?subid=2&ID=2755

15 Quelle: https://www.oekotest.de/kosmetik-wellness/Mundspuelung-im-Test-Vor-allem-bekannte-Marken-fallen-durch_11845_1.html

16 Quelle: https://www.test.de/Mundspuelungen-Schutz-vor-Karies-und-Plaque-1841246-0/

17 Quelle: https://www.aok.de/pk/magazin/koerper-psyche/psychologie/ist-es-nur-ein-kleines-stimmungstief-oder-schon-eine-winterdepression/

18 Quelle: https://www.iqwig.de/presse/pressemitteilungen/pressemitteilungen-detailseite_9983.html

19 Quelle: https://www.ncbi.nlm.nih.gov/pmc/articles/PMC3499892/

20 Quelle: https://www.test.de/Schlafmittel-Endlich-wieder-erholsam-schlafen-1794088-0/

21 Quelle: https://www.health.harvard.edu/staying-healthy/blue-light-has-a-dark-side

22 Quelle: https://www.ncbi.nlm.nih.gov/pmc/articles/PMC4734149/

HAUSHALT UND WOHNEN

1 Quelle: https://de.statista.com/statistik/daten/studie/516843/umfrage/private-haushalte-in-deutschland-mit-mikrowellengeraet/#:~:text=Rund%2073%2C8%20Prozent%20der,im%20Jahr%202021%20ein%20Mikrowellengerät

2 Quelle: https://www.bfs.de/DE/themen/emf/hff/quellen/mikrowelle/mikrowelle.html

3 Quelle: https://www.test.de/Heissluftfritteusen-im-Test-5115675-0/

4 Quelle: https://haushaltsgeraetetest.de/faq/staubsauger/roboter/saugroboter-stromkosten.html#:~:text=Beispielrechnung%20(Saugroboter%20Stromkosten)%3A&text=pro%20Woche%20x%2052%20Wochen,40%20Cent%20%3D%2015%2C07%20Euro

5 Quelle: https://www.bfr.bund.de/de/ausgewaehlte_fragen_und_antworten_zu_geschirr_mit_antihaftbeschichtung_aus_ptfe_fuer_das_braten__kochen_und_backen-7012.html

6 Quelle: https://www.umweltbundesamt.de/presse/pressemitteilungen/kinder-jugendliche-haben-zu-viel-pfas-im-blut

7 Quelle: https://www.verbraucherzentrale.nrw/wissen/projekt-schadstoffberatung/schadstoffberatung-kuechenutensilien-lebensmittelverpackungen/pfanne-mit-beschichtung-gesundheitsschaedlich-50076

8 Quelle: https://de.statista.com/statistik/daten/studie/2809/umfrage/pro-kopf-verbrauch-von-mineral-und-heilwasser/

9 Quelle: https://utopia.de/stiftung-warentest-leitungswasser-mineralwasser-26788/

10 Quelle: https://www.verbraucherzentrale.de/wissen/umwelt-haushalt/wasser/wasserfilter-sind-sie-aus-hygienischer-sicht-notwendig-5534#:~:text=Das%20Wichtigste%20in%20Kürze%3A,Kranke%20brauchen%20kein%20gefiltertes%20Wasser

11 Quelle: https://de.statista.com/statistik/daten/studie/1262971/umfrage/umfrage-zur-derzeit-benutzten-art-von-grill/

12 Quelle: https://www.test.de/Gasgrills-im-Test-4708163-0/?wt_mc=paid.sea.google.dl.gasgr

ills.&gclid=CjwKCAjw5MOlBhBTEiwAAJ8e1kShY88EPVHfOe-mGfOleAa4ZEe87
czYIKWjNt7wmhdqQqMfvZIcbRoCr_MQAvD_BwE

13 Quelle: https://www.bfs.de/DE/themen/emf/kompetenzzentrum/berichte/berichte-mobilfunk/interphone.html

14 Quelle: https://www.bsi.bund.de/DE/Themen/Verbraucherinnen-und-Verbraucher/Informationen-und-Empfehlungen/Internet-der-Dinge-Smart-leben/Smart-Home/Wearables/wearables_node.html

15 Quelle: https://www.umweltbundesamt.de/themen/chemikalien/wasch-reinigungsmittel/umweltbewusst-waschen-reinigen/fruehjahrsputz

16 Quelle: https://blog.schweizstrom.de/oekologisch-putzen

17 Quelle: https://www.umweltbundesamt.de/daten/ressourcen-abfall/verwertung-entsorgung-ausgewaehlter-abfallarten/verpackungsabfaelle

18 Quelle: https://de.statista.com/statistik/daten/studie/1282261/umfrage/waschmittelverbrauch-in-deutschland/#:~:text=Im%20Jahr%202021%20verbrauchten%20deutsche,bei%20etwa%206%2C5%20Kilogramm

19 Quelle: https://www.test.de/Colorwaschmittel-im-Test-5073641-0/

20 Quelle: https://www.test.de/Nassfutter-Hund-Test-4817396-4817404/

21 Quelle: https://www.test.de/Nassfutter-Hund-Test-4817396-0/

22 Quelle: L. M. Freeman et. al., Journal of the American Veterinary Medical Association, Dezember 2013

23 Quelle: https://www.tierschutzbund.de/fileadmin/Seiten/tierschutzbund.de/Downloads/Steckbriefe_Infos/Vegetarische_vegane_Ernaehrung_von_Hund_und_Katze_Information_DTSchB.pdf

24 Quelle: https://www.vetmeduni.ac.at/hochschulschriften/diplomarbeiten/AC12256171.pdf

25 Quelle: https://de.statista.com/statistik/daten/studie/30157/umfrage/anzahl-der-haustiere-in-deutschen-haushalten-seit-2008/

26 Quelle: https://www.test.de/Katzenfutter-Feuchtfutter-Test-4672532-0/

27 Quelle: https://www.test.de/Trockenfutter-Hund-Test-5020107-0/

28 Quelle: https://trusted.de/kostenlose-cloud-speicher#trd-racoon-content-highlight-google-drive

29 Quelle: https://www.test.de/Last-Minute-Reisen-Spaetbuchen-lohnt-sich-4260067-4260072/

30 Quelle: https://www.capterra.com.de/blog/687/online-bewertungen-in-deutschland#:~:text=Zufriedene%20Kunden%20schreiben%20h%C3%A4ufiger%20Reviews,an%2C%20h%C3%A4ufig%20Reviews%20zu%20schreiben

31 Quelle: https://de.statista.com/statistik/daten/studie/856422/umfrage/vertrauen-in-empfehlungsquellen-beim-einkauf-in-deutschland/

IMPRESSUM

1. Auflage © 2024 by Südwest Verlag, einem Unternehmen der
Penguin Random House Verlagsgruppe GmbH, Neumarkter Straße 28, 81637 München

Hinweis: Die Ratschläge/Informationen in diesem Buch sind von Autor*innen und Verlag sorgfältig erwogen und geprüft, dennoch kann eine Garantie nicht übernommen werden. Eine Haftung der Autor*innen beziehungsweise des Verlags und seiner Beauftragten für Personen-, Sach- und Vermögensschäden ist ausgeschlossen.

Gender-Hinweis: Aus Gründen der besseren Lesbarkeit wird in diesem Werk an manchen Stellen auf die gleichzeitige Verwendung der Sprachformen männlich, weiblich und divers (m/w/d) verzichtet. Sämtliche Personenbezeichnungen und personenbezogenen Hauptwörter gelten gleichermaßen für alle Geschlechter. Die verkürzte Sprachform beinhaltet keine Wertung, sondern hat lediglich redaktionelle Gründe.

Projektleitung: Philipp Christ
Textredaktion und Korrektorat: Claudia Lenz

Bildnachweis
Autorenfoto Cover & U4: © Pascal Bünning
Grafiken Kapitelaufmacher: OH, JA!, München
Umschlaggestaltung & Innenlayout: OH, JA!, München
Satz: Uhl & Massopust, Aalen
Herstellung: Timo Wenda
Druck und Bindung: Pixartprinting, Lavis
Printed in Italy

Penguin Random House Verlagsgruppe FSC® N001967
ISBN 978-3-517-10279-5
www.suedwest-verlag.de